DIEGO ZABOT
ECIVALDO MATOS

PROGRAMAÇÃO MULTIPLATAFORMA COM A BIBLIOTECA PHASER

Av. das Nações Unidas, 7221, 1º Andar, Setor B
Pinheiros – São Paulo – SP – CEP: 05425-902

SAC 0800-0117875
De 2ª a 6ª, das 8h00 às 18h00
www.editorasaraiva.com.br/contato

Vice-presidente	Claudio Lensing
Coordenadora editorial	Rosiane Ap. MArinho Botelho
Editora de aquisições	Rosana Ap. Alves dos Santos
Assistente de aquisições	Mônica Gonçalves Dias
Editora	Silvia Campos Ferreira
Assistentes editoriais	Paula Hercy Cardoso Craveiro
	Raquel F. Abranches
Editor de arte	Kleber de Messas
Assistentes de produção	Fabio Augusto Ramos
	Katia Regina
Produção gráfica	Sergio Luiz P. Lopes
Edição	Rosana Arruda da Silva
Preparação	Jurema Aprile
Revisão	Larissa Wostog Ono
Diagramação e capa	Estúdio M10
Impressão e acabamento	Forma Certa

DADOS INTERNACIONAIS DE CATALOGAÇÃO NA PUBLICAÇÃO (CIP)
ANGÉLICA ILACQUA CRB-8/7057

Zabot, Diego
Jogos digitais : programação multiplataforma com a biblioteca Phaser / Diego Zabot, Ecivaldo Matos.
-- São Paulo : Érica, 2018.
240 p. : il.

Bibliografia
ISBN 978-85-365-2721-5

1. Jogos para computador 2. Jogos eletrônicos 3. Linguagem de programação (Computadores) 4. Videogames – Projetos I. Título II. Matos, Ecivaldo

17-1834
CDD-794.81526
CDD-794:004

Índices para catálogo sistemático:
1. Jogos eletrônicos - Programação

Copyright© 2018 Saraiva Educação
Todos os direitos reservados.

1ª edição
2018

Autores e Editora acreditam que todas as informações aqui apresentadas estão corretas e podem ser utilizadas para qualquer fim legal. Entretanto, não existe qualquer garantia, explícita ou implícita, de que o uso de tais informações conduzirá sempre ao resultado desejado. Os nomes de sites e empresas, porventura mencionados, foram utilizados apenas para ilustrar os exemplos, não tendo vínculo nenhum com o livro, não garantindo a sua existência nem divulgação.

A ilustração de capa e algumas imagens de miolo foram retiradas de <www.shutterstock.com>, empresa com a qual se mantém contrato ativo na data de publicação do livro. Outras foram obtidas da Coleção MasterClips/MasterPhotos© da IMSI, 100 Rowland Way, 3rd floor Novato, CA 94945, USA, e do CorelDRAW X6 e X7, Corel Gallery e Corel Corporation Samples. Corel Corporation e seus licenciadores. Todos os direitos reservados.

Todos os esforços foram feitos para creditar devidamente os detentores dos direitos das imagens utilizadas neste livro. Eventuais omissões de crédito e copyright não são intencionais e serão devidamente solucionadas nas próximas edições, bastando que seus proprietários contatem os editores.

Nenhuma parte desta publicação poderá ser reproduzida por qualquer meio ou forma sem a prévia autorização da Saraiva Educação. A violação dos direitos autorais é crime estabelecido na lei nº 9.610/98 e punido pelo artigo 184 do Código Penal.

CL 641949   CAE 626137

Requisitos de Software e Hardware

Phaser requer navegador web com suporte ao tag Canvas (como Internet Explorer 9 ou superior, Firefox, Chrome, Safari e Opera em sistemas desktop, e Safari iOS, Android Browser e Chrome for Android em sistema mobile).

Phaser garante portabilidade entre plataformas (*cross-platform*), mas é necessário atentar-se às limitações dos dispositivos, principalmente nos móveis. Memória disponível e processamento gráfico são aspectos importantes a serem considerados quando um jogo para esses dispositivos é projetado.

> **Importante!**
>
> Sinalizamos para a importância de utilizar software livre e gratuito. Este livro se apoia, na medida do possível, em materiais com licenças Creative Commons do tipo CC0, CC-BY e CC-BY-SA. Ao longo desta publicação, veja indicações de locais na web para a busca de recursos (imagens, áudios e fontes) para a construção de um jogo digital.
>
> Para começar a desenvolver um jogo digital não é preciso criar todas as artes, áudios e outros elementos; afinal, ao empregar recursos de cultura livre, podemos focalizar a programação do jogo.

Agradecimentos

Agradecemos à Rosana Aparecida, pela paciência demonstrada na espera do material.

Ao Richard Davey, criador do Phaser, sempre solícito em responder às nossas dúvidas.

A todas as pessoas que produziram recursos gráficos e áudio na web, disponibilizando-os com permissão de uso e elaboração, favorecendo, portanto, a cultura de remix de produtos intelectuais e culturais.

Sobre os autores

Diego Zabot é mestrando em Ciência da Computação na área de Interação Humano-Computador pela Universidade Federal da Bahia (UFBA), com bolsa da Coordenação de Aperfeiçoamento de Pessoal de Nível Superior (Capes). Graduado em Teorias e Técnicas da Interculturalidade pela Universidade de Trieste, na Itália. Atua como professor de informática em diferentes institutos e escolas da Itália. Tem experiência e conhecimento em programação web, desenvolvimento de aplicativos Android e editoria digital. Faz parte do Grupo de Pesquisa e Extensão Onda Digital da UFBA, em que participa do projeto OndaNasFerias, ministrando aulas de programação web e de iniciação à programação de computadores e de games com uso de software livre.

Ecivaldo Matos é professor adjunto do Departamento de Ciência da Computação (DCC) e do Programa de Pós-graduação em Ciência da Computação (PGCOMP) da Universidade Federal da Bahia (UFBA). Doutor em Educação – Didática, Teorias de Ensino e Práticas Escolares – pela Faculdade de Educação da Universidade de São Paulo (USP), com bolsa do Programa Internacional de Bolsas de Pós-graduação da Fundação Ford – Ford Foundation International Fellowships Program (IFP). Bacharel em Ciência da Computação com Especialização em Sistemas Distribuídos pela UFBA e mestre em Informática – Interação Humano-Computador – pela Universidade Federal de Campina Grande (UFCG). Tem experiência técnica e docente nas áreas de Ciência da Computação e Educação, atuando nos seguintes temas: Interação Humano-Computador, Educação em Computação – Currículo, Didática, Raciocínio Computacional e Formação de Professores –, Informática na Educação e Semiótica. Ex-professor do Departamento de Ciência da Computação do Colégio Pedro II e do Instituto Federal de São Paulo, Campus São Paulo. Atua como pesquisador-líder do Grupo de Pesquisa e Extensão Onda Digital (UFBA) e é membro da Sociedade Brasileira de Computação.

Sumário

Capítulo 1 – Ferramentas e Recursos

1.1 Ferramentas **19**
    1.1.1 Brackets **19**
    1.1.2 Piskel Editor **20**
    1.1.3 Gimp **20**
    1.1.4 Tiled **21**
    1.1.5 Audacity **21**
    1.1.6 Littera **22**
    1.1.7 Repl.it **22**
1.2 Recursos **23**
    1.2.1 OpenGameArt **23**
    1.2.2 OpenClipArt **23**
    1.2.3 DaFont **24**
    1.2.4 FontSquirrel **24**
    1.2.5 Outros recursos **25**
Vamos praticar? **26**

Capítulo 2 – Elementos de HTML, CSS e JavaScript

2.1 Conteúdo, formatação e comportamento **29**
2.2 HTML **29**
    2.2.1 Estrutura do HTML **30**
    2.2.2 Viewport **31**
    2.2.3 Cabeçalhos **32**
2.3 Uma página com estilo **33**
2.4 JavaScript **35**
    2.4.1 Posição do código **36**
    2.4.2 Comentários e blocos de código **37**
    2.4.3 Variáveis **37**
    2.4.4 Instruções de entrada e saída **38**
    2.4.5 Operadores **40**
    2.4.6 Estruturas de seleção **42**
    2.4.7 Estruturas de repetição **44**
    2.4.8 Vetores e textos **45**
    2.4.9 Funções **45**
    2.4.10 Objetos **47**
Vamos praticar? **49**

Capítulo 3 – Introdução a Phaser

3.1 Introdução a Phaser **53**
    3.1.1 Como obter o Phaser **53**
    3.1.2 Organização de um projeto **54**
3.2 Ciclo de vida de um jogo e estados de jogo **55**
3.3 Hello, Phaser! **58**
Vamos praticar? **60**

Capítulo 4 – Elementos Gráficos

4.1 Sprite e imagem **63**
4.2 Imagens e números aleatórios **67**
    4.2.1 Math.random **67**
    4.2.2 Game.rnd **68**
    4.2.3 Composição com números aleatórios **68**
4.3 Spritesheet **71**
    4.3.1 Spritesheet como conjunto de sprites **72**
    4.3.2 Spritesheet como frames de animação **72**
    4.3.3 Exemplo de animação e grupos de elementos **73**
Vamos praticar? **75**

Capítulo 5 – Textos

5.1 Texto com fontes browser safe **79**
5.2 Texto bitmap **80**
Vamos praticar? **84**

Capítulo 6 – Elementos de Input

6.1 Input pelo teclado **87**
    6.1.1 Implementação com listener **87**
    6.1.2 Implementação com objeto cursors **89**
6.2 Input pelo mouse **90**
6.3 Botões **93**
Vamos praticar? **95**

Capítulo 7 – Música e Efeitos Sonoros

7.1 Uso de música e efeitos sonoros **99**
    7.1.1 Tipos de arquivos de áudio **99**
    7.1.2 Carregar um áudio **100**
    7.1.3 Reproduzir um áudio **100**

7.2 Efeitos de fading e eventos **101**
7.3 Modelo jukebox **102**
Vamos praticar? **104**

Capítulo 8 – Física

8.1 Tipos de física **107**
8.2 A física arcade **107**
    8.2.1 Bordas da tela **108**
    8.2.2 Gravidade, imobilidade e colisão **111**
    8.2.3 Aprender a pular **113**
    8.2.4 Sobreposição e massa de um objeto **116**
8.3 Modificar a área de colisão **120**
Vamos praticar? **122**

Capítulo 9 – Grupos

9.1 Vantagens dos grupos **125**
9.2 Criação e população de grupos **128**
9.3 Pool de sprites **132**
Vamos praticar? **134**

Capítulo 10 – Tilemaps

10.1 Tile, tileset, tilemap, tilemaplayer **137**
10.2 Como criar um tilemap **137**
10.3 Examinar o tilemap criado **141**
10.4 Carregar o tilemap no Phaser **144**
10.5 Interação com o tilemap **146**
Vamos praticar? **150**

Capítulo 11 – Estados de Jogo

11.1 Definição de estado de jogo **153**
11.2 Um modelo de jogo com estados **154**
Vamos praticar? **161**

Capítulo 12 – Jogo Arcade

12.1 O jogo **165**
12.2 Assets **166**
    12.2.1 Imagens **166**
    12.2.2 Áudio **167**

11

12.3 O código..**168**
    12.3.1 Arquivo HTML **168**
    12.3.2 Criação do objeto game e dos estados **169**
    12.3.3 Estado boot..**169**
    12.3.4 Estado preloader...**170**
    12.3.5 Estado menu **172**
    12.3.6 Estado play..**173**
    12.3.7 Estado end..**180**
Vamos praticar?..**181**

Capítulo 13 – Jogo de Plataformas

13.1 O jogo..**185**
13.2 Assets...**186**
    13.2.1 Imagens **186**
    13.2.2 Áudio...**188**
13.3 O código..**188**
    13.3.1 Arquivo HTML **188**
    13.3.2 Criação do objeto game e dos estados **189**
    13.3.3 Estado boot **189**
    13.3.4 Estado preloader...**190**
    13.3.5 Estado menu **192**
    13.3.6 Estado play..**193**
    13.3.7 Estado end..**201**
Vamos praticar?..**203**

Capítulo 14 – Jogo de Tiro

14.1 O jogo..**207**
14.2 Assets **208**
    14.2.1 Imagens **208**
    14.2.2 Áudio...**209**
14.3 O código..**209**
    14.3.1 Arquivo HTML **209**
    14.3.2 Estado menu **210**
    14.3.3 Estado play..**212**
    14.3.4 Criação do objeto game e dos estados **222**
Vamos praticar?..**222**

Capítulo 15 – Jogos para Mobile

15.1 A simulação de dispositivos móveis **227**
15.2 Adaptação à tela do dispositivo **228**
15.3 Habilitar comandos touch **230**
15.4 Diminuir o tamanho dos assets **233**
15.5 Construir o app para mobile **234**
Vamos praticar?.. **236**

Referências **237**

Apresentação

Aprender programação por meio da criação de jogos digitais pode ser mais estimulante e divertido.

A criação de jogos digitais exige habilidades interdisciplinares que incluem programação, matemática, física, artes visuais, design sonoro, game design e muitas mais. Normalmente, as tarefas são divididas entre os componentes da equipe de desenvolvimento, mas, em casos de produções pequenas, pode acontecer de a mesma pessoa exercer vários papéis ao mesmo tempo.

Você aproveitará muito mais este livro se já tiver algum conhecimento de programação. Mas tentamos promover aprendizagem gradual dos conteúdos, com sintaxe e exemplos explicados claramente para que, mesmo iniciante, possa sair programando.

A obra está dividida em três partes. Na primeira (Capítulos 1 e 2), introduzimos o ambiente de trabalho. No Capítulo 1, apresentamos as ferramentas que serão utilizadas ao longo do livro e, no Capítulo 2, há uma breve introdução às linguagens utilizadas: HTML, CSS e Javascript.

Na segunda parte (Capítulos 3 a 11), são introduzidos vários conceitos de Phaser. No Capítulo 3, é apresentada a biblioteca Phaser, assim como fazer download do repositório e como criar o primeiro projeto. É mostrado também como funciona o ciclo de vida de um jogo feito em Phaser e a sua composição em estados. O Capítulo 4 explica o uso de imagens e sprites, elementos gráficos básicos, e spritesheet – folhas de sprites – que agrupam imagens do mesmo contexto em um arquivo único. Ademais, é analisado como podemos criar números aleatórios com Phaser.

No Capítulo 5, são examinados os componentes textuais que o Phaser disponibiliza. O Capítulo 6 mostra como interagir com o jogador mediante diferentes dispositivos de entrada (mouse, teclado, *touchscreen*). No Capítulo 7, mostramos como incluir áudio nos jogos (música e efeitos sonoros). Como implementar a física nos jogos, podendo definir velocidade, colisões, massa e gravidade é o assunto do Capítulo 8. No Capítulo 9, você verá como criar grupos de objetos para facilitar o desenvolvimento de um jogo com muitos elementos.

O Capítulo 10 trata do uso de imagens de formas quadradas, chamadas de tile e empregadas para construir o mundo de jogo ou mapas. Já o conceito de estados de jogo e como dividir um game em partes menores e menos complexas – incluindo tela de abertura, menu, tela de jogo, créditos, e assim por diante – é o assunto do último capítulo da segunda parte.

Finalmente, na terceira parte (Capítulos 12 a 15), os conceitos apreendidos são utilizados para criar versões demo de jogos e games para dispositivos móveis – mobiles. Para isso, no Capítulo 12 é criado um jogo arcade de tipo *ball and paddle*. No Capítulo 13, você verá como elaborar um jogo de estilo plataforma. Ademais, exemplificamos a criação de um jogo de tiro – shooter – no Capítulo 14. Por fim, no Capítulo 15, mostramos como otimizar um jogo para ser executado em uma plataforma mobile.

Os códigos dos exercícios e dos programas desenvolvidos no livro estão disponíveis para download, no site da editora.

Capítulo 1
Ferramentas e Recursos

Considerações iniciais

Analisaremos ferramentas e recursos que podem facilitar a programação de jogos. A maioria delas é gratuita e de código aberto, atualizada com frequência, o que permite seu uso sem nenhum custo. Veremos principalmente editores de código e de imagens, design de níveis e áudio. Consultaremos também, ao final deste capítulo, alguns sites que fornecem recursos de mídia – gráficos, sons e fontes – com licenças copyleft, ou seja, que podem ser usados para criar nossos jogos.

1.1 Ferramentas

Os itens a seguir apresentam, com detalhes, as principais ferramentas que utilizaremos na programação de nossos jogos, como Brackets, Piskel Editor e Audacity. Os links dos sites de cada uma das ferramentas estão indicados no final deste capítulo.

1.1.1 Brackets

Brackets[1] é um editor de texto moderno e de código aberto que simplifica a escrita de código, principalmente com foco na programação web.

Escrito em HTML, CSS e JavaScript, foi criado pela Adobe Systems com licença MIT e está disponível para download multiplataforma para Windows, Mac e Linux. Além de características de escrita rápida com completamento de código, apresenta uma série de características e plug-ins interessantes. Disponibiliza um servidor web embutido, muito útil no caso de aplicações que devem rodar código no lado servidor. O Phaser carrega imagens para serem utilizadas no jogo, isto no limite de segurança de JavaScript e sem permitir o carregamento de recursos locais.

Figura 1.1 Site do Brackets.

1.1.2 Piskel Editor

Piskel[2] é um editor gráfico que pode ser usado para criar sprites de jogo, animação e pixel-art. É uma ferramenta on-line free e open source, hospedada no github.

Figura 1.2 Piskel Editor.

1.1.3 Gimp

Gimp[3] é um programa de código aberto licenciado sob a General Public License (GNU), voltado à criação e edição de imagens bitmap. Foi criado como alternativa ao Adobe Photoshop.

Figura 1.3 Gimp Image Manipulation Program.

1.1.4 Tiled

Tiled[4] é um editor free de mapa de tiles – azulejos – de propósito geral. Permite a fácil criação de mapas e a especificação de elementos mais abstratos, como áreas de colisão e posições de geração de inimigos. Pode ser utilizado também como editor de níveis.

Figura 1.4 Tiled Map Editor.

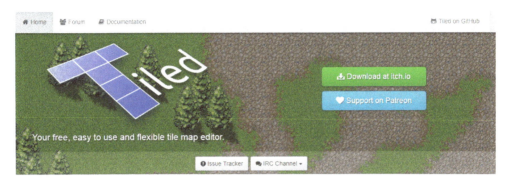

1.1.5 Audacity

Audacity[5] é um software livre de edição digital de áudio – com licença GNU. Consente, entre outras funcionalidades, importação de diferentes formatos de áudio, edição simplificada, remoção de ruído, mixagem, efeitos digitais e gravação de som.

Figura 1.5 Audacity Audio Software.

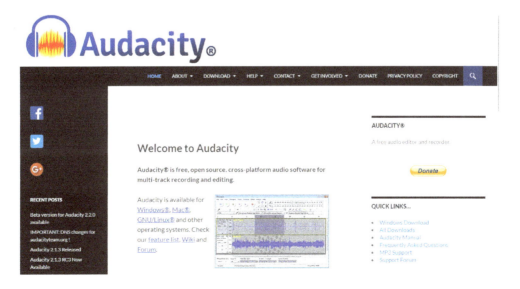

Ferramentas e Recursos 21

1.1.6 Littera

Littera[6] é um webapp que permite a elaboração de fontes, mudança da cor de preenchimento, uso de degradês e gravação em diferentes formatos.

Figura 1.6 Webapp para elaborar fontes e salvar em formato fonte bitmap.

1.1.7 Repl.it

Repl.it[7] é um site que disponibiliza um ambiente interativo on-line para linguagens de programação. Pode ser utilizado com diferentes linguagens, como JavaScript, C, Python etc., sem a necessidade de instalar nada em seu computador. É ótimo para testar e praticar uma linguagem de programação.

Figura 1.7 Homepage do Repl.it.

1.2 Recursos

1.2.1 OpenGameArt

OpenGameArt[8] é um repositório de mídia que aceita artes 2D, 3D, efeitos sonoros e músicas. Todo o conteúdo é registrado sob licenças gratuitas com vários status de copyleft.

Figura 1.8 Homepage do site OpenGameArt.org.

1.2.2 OpenClipArt

OpenClipArt[9] é um repositório de clip-artes para uso comercial ilimitado. Tem a possibilidade de baixar os arquivos nos formatos PNG, SVG e PDF.

Figura 1.9 Homepage do site OpenClipArt.org.

Ferramentas e Recursos   23

1.2.3 DaFont

DaFont[10] é um repositório de fontes freeware, shareware, demo ou de domínio público.

Figura 1.10   Homepage do site DaFont.

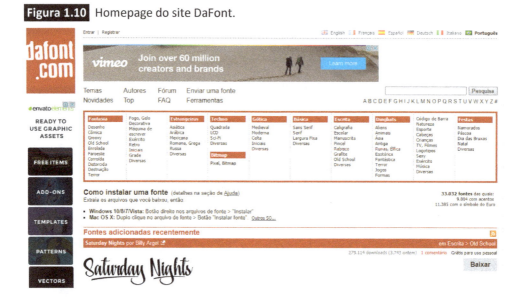

1.2.4 FontSquirrel

FontSquirrel[11] é um repositório de fontes livres também para uso comercial. Dispõe de um serviço de font identifier, um sistema que permite carregar uma imagem com uma fonte e descobrir qual é a fonte representada.

Figura 1.11   Homepage do site FontSquirrel.

1.2.5 Outros recursos

A seguir, outros sites com recursos disponíveis:

- **Game Art 2D**[12]: site com elementos gráficos gratuitos e pagos.
- **Itch.io**[13]: recursos gráficos gratuitos e pagos.
- **SoundBible**[14]: efeitos sonoros.
- **FreeSound**[15]: efeitos sonoros.

Considerações finais

Seguem, na ordem em que foram citados neste capítulo, os links de acesso aos recursos indicados para sua visita e, claro, utilização:

1. <http://brackets.io>
2. <www.piskelapp.com>
3. <www.gimp.org>
4. <www.mapeditor.org>
5. <www.audacityteam.org>
6. <http://kvazars.com/littera>
7. <https://repl.it>
8. <https://opengameart.org>
9. <https://openclipart.org>
10. <www.dafont.com>
11. <www.fontsquirrel.com>
12. <www.gameart2d.com>
13. <https://itch.io>
14. <http://soundbible.com>
15. <https://freesound.org>

Vamos praticar?

1 A que se refere a descrição "é um repositório de artes para uso comercial ilimitado; tem a possibilidade de baixar os arquivos nos formatos PNG, SVG e PDF"?

a) OpenClipArt.

b) Littera.

c) Audacity.

d) Piskel.

2 Do que trata a definição "webapp que permite a elaboração de fontes, mudança da cor de preenchimento, uso de degradês e gravação em diferentes formatos"?

a) OpenClipArt.

b) Littera.

c) Audacity.

d) Piskel.

3 A descrição "é um software livre de edição digital de áudio – com licença GNU. Consente, entre outras funcionalidades, importação de diferentes formatos de áudio, edição simplificada, remoção de ruído, mixagem, efeitos digitais e gravação de som" diz respeito a quê?

a) OpenClipArt.

b) Littera.

c) Audacity.

d) Piskel.

4 Como se chama o editor gráfico que pode ser usado para criar sprites de jogo, animação e pixel-art, e que é uma ferramenta on-line free e open source, hospedada no github?

a) OpenClipArt.

b) Littera.

c) Audacity.

d) Piskel.

Capítulo 2

Elementos de HTML, CSS e JavaScript

Considerações iniciais

Phaser é uma biblioteca para criar jogos com tecnologias web, ou seja, HTML, CSS e JavaScript. Por isso, antes de fazer uma análise profunda da biblioteca, é importante revisar um pouco tais linguagens. A revisão não será completa, mas englobará apenas o conteúdo que precisaremos em relação à programação de jogos com Phaser.

2.1 Conteúdo, formatação e comportamento

HyperText Markup Language (HTML) é uma linguagem de marcação de hipertexto, usada para criar páginas web. Com ela declara-se a estrutura e o conteúdo do documento, além de elementos, como texto, imagens, links, listas e tabelas.

Cascade Style Sheet (CSS) – folha de estilo em cascata – define os estilos aplicados aos elementos – **formatação** – presentes na página web, como cores, posições e dimensões.

JavaScript é uma linguagem de scripting que funciona no *front-end* – lado cliente –, executado diretamente pelo navegador internet. Permite a implementação dos seguintes comportamentos: verificar dados inseridos em um formulário, ativar um submenu, modificar elementos da página etc.

2.2 HTML

Os elementos básicos do HTML são os tags, etiquetas entre os símbolos menor (<) e maior (>).

Exemplo 2.1

```
<strong>  <a>  <body>  <html>
```

Alguns elementos têm conteúdo, e por isso existe um tag de abertura () e um tag de fechamento ().

Exemplo 2.2

Utilização do elemento Strong

```
<strong>texto evidenciado</strong>
```

Outros elementos não têm conteúdo e, por isso, não necessitam de tag de fechamento.

Exemplo 2.3

Utilização do elemento br

```
... texto final da frase.<br>
```

Dado que a maior parte da programação de jogos com Phaser é escrita em JavaScript, necessitaremos apenas de alguns elementos para criar um documento HTML padrão. Podemos pensar o documento HTML como uma tela em que será reproduzido o nosso jogo.

Instalando Emmet[1], um plug-in bem conhecido e presente nos editores mais comuns, podemos evitar de escrever o código por completo. Para digitar um elemento entre < e > é suficiente digitar o nome do elemento e, pressionando a tecla TAB, o plug-in completa a ação, inserindo os tags de abertura e fechamento.

Para instalar o plug-in, é suficiente entrar no gerenciador de extensões do Brackets ▪ e procurar e instalar o Emmet.

Figura 2.1 Gerenciador de extensões do Brackets.

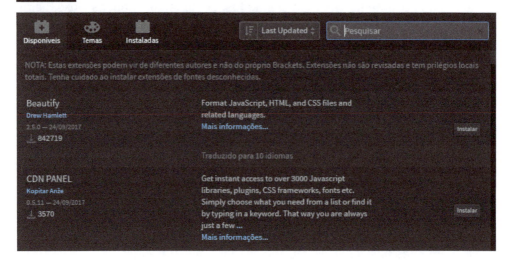

2.2.1 Estrutura do HTML

A estrutura básica de uma página HTML é formada pelos seguintes elementos:

```
1. <html>
2. <head>
3.     <title>Título</title>
4. </head>
5. <body>
6.     Conteúdo da página
7. </body>
8. </html>
```

A página HTML tem o elemento HTML na raiz do documento e é composta de duas partes: a "cabeça" (head) e o "corpo" (body).

Na cabeça, ficam todos os elementos de informação para o navegador: estilo dos elementos, link a arquivos externos, mapas de caracteres, título do documento (representado pelo tag title).

No corpo do documento, são inseridas todas as informações que aparecerão na página, tais como os seguintes conteúdos: títulos, parágrafos, subtítulos, imagens etc.

---

[1] Disponível em: <https://emmet.io>.

No Brackets, podemos criar um novo documento e salvá-lo com extensão .html. Se estiver instalado o Emmet, será suficiente digitar um ponto de exclamação (!) e pressionar a tecla de tabulação (TAB) para ativar a função de completamento automático. Assim, aparecerão as seguintes linhas:

```
1.   <!DOCTYPE html>
2.   <html lang="en">
3.   <head>
4.       <meta charset="UTF-8">
5.       <title>Document</title>
6.   </head>
7.   <body>
8.
9.   </body>
10.  </html>
```

O Emmet coloca duas linhas novas na estrutura base do HTML, além daquelas já examinadas: na linha 1, consta a declaração de formato do documento, indicando, assim, que estamos criando um documento HTML5. Na linha 4, é indicado o mapa de caracteres do documento – UTF-8 (um mapa unicode) –, habilitando, desse modo, o uso de caracteres com acentos e til. Na linha 2, o tag HTML tem uma propriedade indicativa do idioma da página – inglês, por padrão. O usuário poderá colocar **pt** para indicar o idioma português.

2.2.2 Viewport

Outra instrução que podemos inserir no nosso documento tem relação com a definição da viewport. Normalmente, quando uma página web é vista em um dispositivo portátil – tablet ou smartphone, que seja –, é redimensionada para tomar toda a tela. Se quisermos que fique do mesmo tamanho que o programador projetou, podemos usar um **metatag** para obrigar o navegador a utilizar o tamanho nativo do dispositivo. Sendo esta uma informação ao navegador, deve ficar no head do documento. Com Emmet é suficiente digitar meta:vp – de viewport – e pressionar TAB para inserir o código que aparece na linha 6:

```
1.   <!DOCTYPE html>
2.   <html lang="en">
3.   <head>
4.       <meta charset="UTF-8">
5.       <title>Document</title>
6.        <meta name="viewport" content="width=device-width,
                     user-scalable=no, initial-scale=1.0,
                     maximum-scale=1.0, minimum-scale=1.0">
```

```
7.    </head>
8.    <body>
9.        Conteúdo da página
10.   </body>
11.   </html>
```

O código inserido indica que será utilizada a largura do dispositivo como largura da viewport – janela de exibição – do navegador; indica ainda que a página não pode ser escalada e que as escalas inicial, máxima e mínima corresponderão a 1 – isso evita a possibilidade de modificação da dimensão da escala do conteúdo da página com os dedos nos dispositivos móveis.

Na Figura 2.2 podemos ver o resultado desta primeira parte de código:

Figura 2.2 Primeira página HTML.

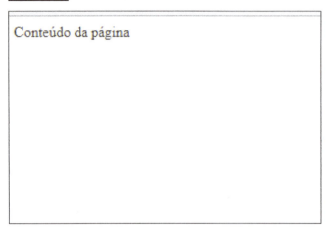

2.2.3 Cabeçalhos

Os cabeçalhos – headers – são os títulos colocados no interior da página HTML. Podem ser usados até seis níveis de títulos indicados com os elementos h1, h2, h3, h4, h5, h6. Cada cabeçalho tem uma dimensão padrão que depende do navegador.

Exemplo 2.4

```
<body>
    <h1>Título da página (h1)</h1>
    <h2>Parte I (h2)</h2>
    <h3>Capítulo 1 (h3)</h3>
    Conteúdo do capítulo
</body>
```

Figura 2.3 Cabeçalhos.

> Título da página (h1)
>
> Parte I (h2)
>
> Capítulo 1 (h3)
>
> Conteúdo do capítulo

Como podemos ver na Figura 2.3, os cabeçalhos têm tamanhos diferentes e um espaço predefinido entre um e outro – margem.

2.3 Uma página com estilo

Para o nosso propósito, não precisaremos de muitos códigos CSS. Ademais, um dos principais problemas são as margens ao redor dos elementos. Vamos, então, removê-las.

As informações de estilo podem ficar internas ao documento HTML, mediante o elemento **style** colocado no **head** da página.

```
1. <style>
2.    /* informações de estilo
3. </style>
```

Em vez de colocar essas informações dentro do HTML, podemos conectar um arquivo CSS com as mesmas informações. Nesse caso, o elemento utilizado é link, com o parâmetro src, que indica a posição do arquivo.

```
<link src='css/style.css'>
```

Para formatar um elemento, precisamos indicar uma regra CSS, que é formada por um seletor e uma declaração. O seletor indica o elemento HTML que será formatado, e a declaração contém uma ou mais definições de estilo.

Todo elemento tem propriedades chamadas margin – margem – e padding – espaço interno –, as quais já são definidas com valores que dependem do navegador. Na Figura 2.4, podemos ver a borda laranja que indica a margem do corpo do documento. Por isso umas das primeiras coisas que devemos fazer é zerar tais propriedades.

Figura 2.4 Margem da página e do cabeçalho h1.

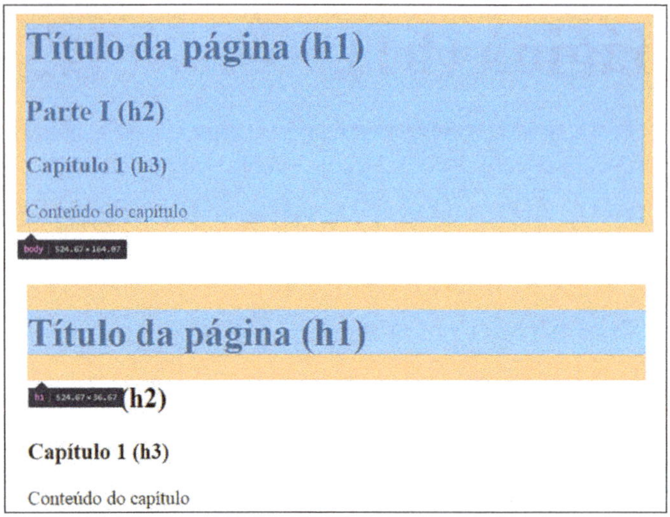

Usamos o seletor * para indicar todos os elementos HTML e zeramos os parâmetros **margin** e **padding**.

```
1. * {
2.      margin:0;
3.      padding:0;
4. }
```

Se quisermos modificar a cor do fundo da tela, podemos adicionar estas linhas:

```
1. body {
2.      background-color: lightgray;
3. }
```

A seguir, o código completo da página:

```
1.    <!DOCTYPE html>
2.    <html lang="pt">
3.    <head>
4.        <meta charset="UTF-8">
5.        <title>Document</title>
6.        <style>
7.          * {
8.              margin:0;
9.              padding:0;
10.         }
11.         body {
12.             hbackground-color: lightgray;
```

```
13.         }
14.     </style>
15.     <meta name="viewport" content="width=device-width,
            user-scalable=no, initial-scale=1.0,
            maximum-scale=1.0, minimum-scale=1.0">
16. </head>
17. <body>
18.     <h1>Título da página (h1)</h1>
19.     <h2>Parte I (h2)</h2>
20.     <h3>Capítulo 1 (h3)</h3>
21.     Conteúdo do capítulo
22. </body>
23. </html>
```

E, na Figura 2.5, o rendering da página – neste caso, no Google Chrome:

Figura 2.5 Corpo da página sem margem e com cor de fundo.

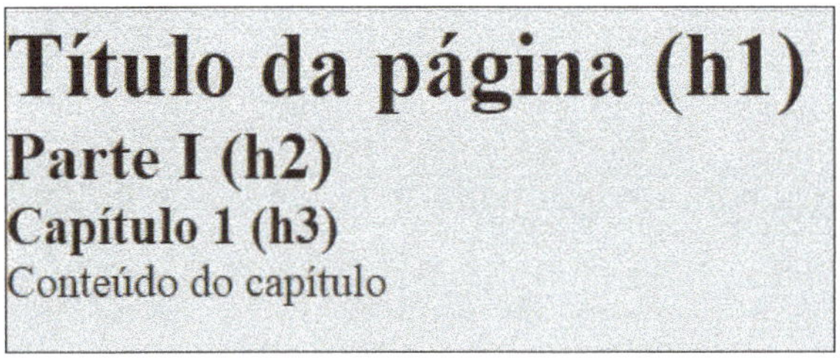

Título da página (h1)
Parte I (h2)
Capítulo 1 (h3)
Conteúdo do capítulo

2.4 JavaScript

JavaScript é uma linguagem de scripting orientada a objetos e comumente usada na programação de páginas web. Foi originalmente desenvolvida pela Netscape Communications sob o nome de Mocha, depois chamada de LiveScript, e mais tarde renomeada JavaScript, com uma sintaxe mais próxima à de Java.

Podemos inserir códigos JavaScript diretamente em um documento HTML usando o elemento script e colocando o código dentro desse elemento:

```
1. <script>
2.     // código Javascript
3. </script>
```

Uma alternativa é colocar o código em um arquivo externo e "linkar" o arquivo usando o mesmo elemento script, mas usando, desta vez, o parâmetro src para indicar posição e nome do arquivo:

```
<script src="js/file.js"> </script>
```

2.4.1 Posição do código

O código JavaScript pode ser posicionado no corpo do HTML, na cabeça do HTML, ou, como já visto, em um arquivo externo.

Exemplo 2.5

JavaScript no corpo do HTML (*script inline*)

```
1.  <body>
2.      <h1>Título da página</h1>
3.      <script>
4.          document.write('<h2>Título de segundo nível</h2>');
5.      </script>
6.      <h3>Título de terceiro nível</h3>
7.      ...
8.  </body>
```

Neste caso, o código será executado no exato momento em que o renderizador da página encontra o tag script. A instrução **document.write** na linha 4 escreve uma linha de texto naquela posição do HTML. Assim, é como se tivéssemos colocado um cabeçalho h2 naquela posição.

Exemplo 2.6

JavaScript na cabeça do HTML (sob forma de funções)

```
1.  <head>
2.      <script type="text/javascript">
3.          function imprimirH2(){
4.              document.write('<h2>Título de segundo nível</h2>');
5.          }
6.      </script>
7.  </head>
8.  <body>
9.      <h1>Título da página</h1>
10.     <script>
11.         imprimirH2();
12.     </script>
13.     <h3>Título de terceiro nível</h3>
14.     ...
15. </body>
```

Dado que os elementos na cabeça do html **não são** renderizados, mas são informações para o navegador, declaramos funções que serão chamadas no corpo do HTML – linhas 10-12.

Exemplo 2.7

Arquivo externo (biblioteca de funções)

```
1.  <head>
2.      <script src="minhasFuncoes.js"></script>
3.  </head>
4.  <body>
5.      <h1>Título da página</h1>
6.      <script>
7.          imprimirH2();
8.      </script>
9.      <h3>Título de terceiro nível</h3>
10.     ...
11. </body>
```

Este caso é parecido com o anterior. A única diferença é que o código JavaScript está no arquivo externo.

2.4.2 Comentários e blocos de código

Como em C e em Java, JavaScript usa comentários de uma linha, apenas, e comentários multilinha:

```
// comentário de uma linha

/* comentário
   multi-linhas */
```

Cada instrução deve terminar com um ponto e vírgula para ser separada da seguinte.

Para definir um conjunto de instruções a serem executadas – bloco de código –, devem ficar dentro de chaves.

Exemplo 2.8

```
1. {
2.     instrução 1;
3.     instrução 2;
4.     ...
5. }
```

2.4.3 Variáveis

As variáveis são áreas de memória que contêm valores. São caracterizadas por um nome que, para ser válido, deve começar com uma letra e continuar com letras, números ou sublinhados.

Em JavaScript, para definir uma variável utilizamos a palavra-chave var seguida do nome da variável. JavaScript é uma linguagem de programação de tipificação dinâmica – o tipo da variável que não é assinada na sua criação e pode mudar durante a execução do programa. Os tipos de variáveis implementados são:

- inteiro (**int**);
- decimal (**float**, usando o ponto decimal);
- lógico (**boolean**, com os valores true e false);
- texto (**strings**, sequências de caracteres);
- vetores (**array**, conjuntos de variáveis);
- objetos (**object**, objeto complexo que memoriza diferentes valores que podem ser de tipos diferentes).

Ademais, para inicializar uma variável, utiliza-se o igual (=) como símbolo de atribuição.

Exemplo 2.9

```
1.   // Declaração de uma variável
2.     var x;
3.   // Declaração e inicialização
4.     var x = 5;
5.
6.   // Variável inteira
7.     var num = 123;
8.   // Variável decimal
9.     var f = 10.5;
10.  // Variável boolean
11.    var bool = true;
12.  // Variável texto
13.    var texto = 'Olá mundo!';
```

Vetores e objetos são tipos complexos e serão vistos adiante.

JavaScript é uma linguagem **case-sensitive**, ou seja, caracteres maiúsculos e minúsculos são tratados de maneira diferente. Utilizam-se nomes que consistem em várias palavras que podem ser adotadas à notação com underscore (pontos_vida) ou **camelcase** (pontosVida).

As variáveis que são declaradas dentro do elemento script, fora das funções, são consideradas globais – sempre acessíveis –; as outras são consideradas locais e, portanto, têm vida apenas internamente dos blocos em que são declaradas.

2.4.4 Instruções de entrada e saída

Nesta seção, veremos uma forma em que o JavaScript pode aceitar dados inseridos pelo usuário – instruções de entrada (**input**) – e para imprimir resultados – instruções de saída (**output**).

Quando estamos depurando nosso programa, normalmente queremos imprimir valores de variáveis para verificar o correto funcionamento do código. Para fazer isso, é usada a instrução:

```
console.log(texto ou variável);
```

É bom ressaltar que essa instrução imprime na console de depuração, em vez de imprimir na saída padrão (*standard output*), página web, neste caso.

Exemplo e execução na Figura 2.6:

```
1.    console.log('Hello World!');
2.    console.log(123);
```

Figura 2.6 Resultado das instruções console.log no site <https://repl.it>.

Outra instrução de output é document.write, que escreve diretamente na página web:

```
document.write(texto ou variável);
```

A instrução alert ativa uma janela modal – janela por cima da página – com o texto para imprimir:

```
alert(texto ou variável);
```

Exemplo 2.10

Execução na Figura 2.7

```
alert('Oi! Eu sou uma janela de alert!');
```

Figura 2.7 Janela de alert.

Para aceitar valores de entrada, podemos utilizar a instrução prompt, que retorna o texto inserido pelo usuário:

```
var v = prompt('Texto a ser exibido');
```

Exemplo 2.11

Execução na Figura 2.8

```
var idade = prompt("Qual é sua idade?");
```

Figura 2.8 Entrada de dados com prompt.

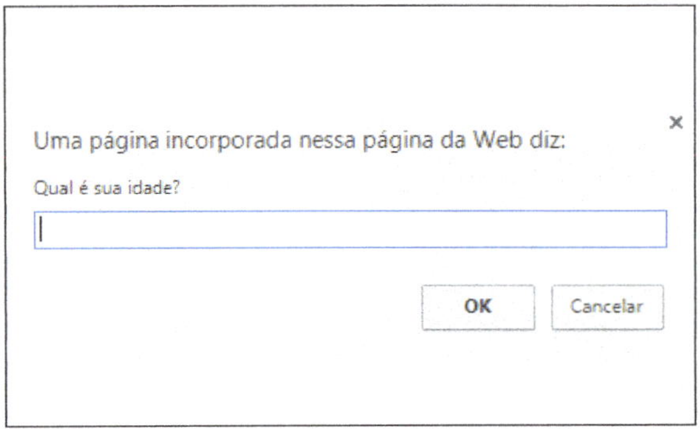

2.4.5 Operadores

- **Operadores aritméticos e de atribuição:** JavaScript utiliza o igual (=) como símbolo de atribuição, a fim de atribuir o que fica à direita do símbolo à espaço entrelinhas diferente na última linha:

```
x = 10;
```

Com isso, atribuímos à variável x o valor de 10.

Java utiliza o símbolo – para indicar um valor negativo – menos unário:

```
x = -10;
```

Tabela 2.1 • Operadores aritméticos

Operador	Operação	Exemplo	Resultado
+	adição	4 + 5	9
–	subtração	13 – 7	6
*	multiplicação	6 * 5	30
/	divisão	45 / 8	5.625
%	resto da divisão inteira	12 % 5	2

Na Tabela 2.1, temos os operadores aritméticos, que podem ser combinados para criar expressões. Podem ser utilizados os parênteses para modificar a prioridade de cálculo:

```
x = ((5 + 4) * (8 - 2)) / 3;
```

- **Incremento, decremento e atalhos:** JavaScript tem atalhos para incrementar e decrementar uma variável. O operador de autoincremento (++) incrementa automaticamente de 1 a variável; o operador de autodecremento (--) que diminui de 1 a variável. Além destes, existem alguns atalhos para incrementar, decrementar, dividir e multiplicar a variável para um valor e salvar o resultado na mesma variável: +=, -=, *=, /=, %=.

Exemplo 2.12

```
// incremento de 1
x++; (correspondente a x = x + 1)

// decremento de 1
x--; (correspondente a x = x - 1)

// incremento de 5
x += 5; (correspondente a x = x + 5)

// divide por 4
x /= 4; (correspondente a x = x / 4)
```

- **Operadores relacionais**: a Tabela 2.2 apresenta os operadores relacionais que são utilizados em comparações. O resultado de uma comparação dá sempre true – **verdadeiro** – ou false – **falso** – como resultado.

Tabela 2.2 • Operadores relacionais

Operador	Operação	Exemplo	Resultado
>	maior	5 > 4	true
<	menor	13 < 7	false
>=	maior ou igual	6 >= 6	true
<=	menor ou igual	2 <= 4	true
==	igual	4 == '4'	true
!=	diferente	3 != 3	false
===	idêntico	3 === '3'	false
!==	não idêntico	4 !== '4'	true

- **Operadores lógicos:** os operadores lógicos combinam duas ou mais condições lógicas. O operador e – and – dá como resultado verdadeiro quando todas as condições são verdadeiras. Com o operador ou – or –, o resultado é verdadeiro quando ao menos uma condição é verdadeira. O operador não – not – inverte o valor de retorno: se a condição for verdadeira, retorna o valor falso. As operações são apresentadas na Tabela 2.3.

Tabela 2.3 • Operadores lógicos

Operador	Operação	Exemplo	Resultado
&&	e (and)	(5 > 4) && (2 < 7)	true
||	ou (or)	(13 < 7) || (4 > 5)	true
!	não (not)	!(6 == 7)	true

- **Operadores de texto:** alguns operadores que já vimos têm outra função quando associados a variáveis de texto, como podemos ver na Tabela 2.4.

Tabela 2.4 • Operadores de texto

Operador	Operação	Exemplo	Resultado
+	somar	s = "Olá " + "mundo";	"Olá mundo"
+ =	adicionar	s = "Olá "; s + = "Mundo";	"Olá mundo"
==	igual a	"Olá" == "Olá"	true
!=	diferente	"Ana" != "Carolina"	true

2.4.6 Estruturas de seleção

As estruturas de seleção ou decisão são utilizadas quando há necessidade de verificar condições para a realização de uma instrução ou de uma sequência de instruções.

- **If:** a estrutura de seleção mais simples é a instrução if (se):

```
if(condição)
    bloco de código
```

em que **condição** é uma expressão lógica – que tem como resultado verdadeiro ou falso – e **bloco de código** é o que o programa fará se a condição for verdadeira. **Bloco de código** pode ser uma linha de código, apenas, ou mais linhas – no caso de mais linhas, precisará utilizar as chaves para delimitar o bloco.

Exemplo 2.13

```
1. if(idade >= 18)
2.     console.log('Pode conduzir!');
3. // uma linha de código


1. if(vidas <= 0){
2.     console.log('O inimigo te matou!');
3.     console.log('Game Over!!!');
4. }
5. // mais linhas de código, precisa de chaves
```

- **if – else:** se quiser executar um código também quando a condição for falsa, podemos utilizar a estrutura if – else (se – senão):

    ```
    if(condição)
        bloco de código 1
    else
        bloco de código 2
    ```

Exemplo 2.14

```
1. if(idade >= 18)
2.     console.log('Pode conduzir!');
3. else
4.     console.log('Tem que esperar, ainda!');
```

Else não precisa de condição. O programa executa automaticamente o bloco de instruções do **else** quando a condição do **if** não for verdadeira.

- **switch:** se quisermos avaliar diferentes valores de uma variável, podemos utilizar o comando switch.

    ```
    switch(espressione) {
        case valor 1:
            bloco de código 1
            break;
        case valor 2:
            bloco de código 2
            break;
        ...
        default:
            bloco de código n
    }
    ```

Exemplo 2.15

```
1.  switch(menu) {
2.      case 1:
3.          console.log('Entra no jogo');
4.          break;
5.      case 2:
6.          console.log('Visualiza records');
7.          break;
8.      ...
9.      default:
10.         console.log('Valor não previsto');
11. }
```

2.4.7 Estruturas de repetição

Uma estrutura de repetição permite executar um bloco de código um determinado número de vezes.

- **For:** comando utilizado quando já sabemos os valores iniciais, finais e o passo da repetição:

```
for (condição inicial; condição final; incremento/decremento)
    bloco de código
```

Exemplo 2.16

```
1. for(i = 1; i<=10; i++){
2.    console.log(i);
3. }
```

Este exemplo imprime os números de 1 a 10.

- **While:** comando que executa um bloco de operações até a condição da instrução ser atendida:

```
while (condição)
    bloco de código
```

Exemplo 2.17

```
1. while (vida > 0) {
2.    atacaEnemigo( );
3.    if(recebeuAtaque( ))
4.        vida--;
5. }
```

- **Do – While:** a sintaxe deste comando é bem parecida àquela do while, só que o teste da condição é realizado depois de ter executado o bloco de código, em vez de fazê-lo antes. Como consequência, o bloco de código é executado ao menos uma vez.

```
do {
    bloco de código
} while(condição);
```

Exemplo 2.18

```
1. var valor = 0;
2. do {
3.    console.log("Valor: " + valor);
4.    valor += 50;
5. } while(valor <= 500);
```

2.4.8 Vetores e textos

Um vetor (**array**) é uma coleção de um ou mais valores armazenados em endereços adjacentes de memória. Em JavaScript, os valores dentro de um vetor podem ser de tipos diferentes, podendo ser também objetos ou outros vetores.

```
1. var vet1 = [13, 16, 76, 21];
2. var vet2 = [12, 'oi', false];
3. var vet3 = [14, ['Bom dia', 10.5], true];
```

Cada valor é chamado de elemento do vetor e pode ser acessado com a notação **vetor[i]**, considerando que o índice começa da posição 0:

```
1. console.log(vet1[2]);
2. // 76
3. console.log(vet3[1][1]);
4. // 10.5
```

Uma variável de texto em JavaScript é vista como um array de caracteres. Por isso, podemos utilizar um índice para acessar o caractere de posição desejada:

```
1. nome = 'Emilayne';
2. console.log(nome[5]);
3. // 'y'
```

2.4.9 Funções

Há partes do código que necessitam ser repetidas muitas vezes durante a execução do programa, mas em vez de duplicar as linhas que precisam ser repetidas, podemos criar funções.

Uma função pode ser vista como um objeto que cumpre determinada tarefa sem que o usuário saiba quais passos essa tarefa está operando, mas somente quais são os dados que devemos passar ao qual – parâmetros de entrada (input) – e qual é o resultado que esse objeto retorna – resultado (output). Uma função pode ter ou não parâmetros em entrada e resultado.

Exemplo 2.19

```
1.    // função sem parâmetros e sem retorno
2.    function descreveSala( ){
3.        console.log('A sala era muito pequena e tinha só uma mesa desarrumada...');
4.    }
5.
6.    // função com parâmetros e sem retorno
```

```
7.  function ola(nome){
8.      console.log('Bem-vindo/a ao labirinto, '+ nome);
9.  }
10.
11. // função com parâmetros e retorno
12. function custoPoção(n){
13.     custoTotal = 15 * n;
14.     return custoTotal;
15. }
```

Para executar as funções, é suficiente indicar o nome e os parênteses, com os eventuais parâmetros e aceitando o valor de retorno em uma variável.

```
16. descreveSala( );
17. // 'A sala era muito pequena e tinha só uma mesa
    desarrumada...'
18.
19. ola('Zandix');
20. // 'Bem-vindo/a ao labirinto, Zandix'
21.
22. var custo = custoPoção(5);
23. // custo = 75
```

Além de declarar as funções nessas formas, JavaScript permite a definição de expressões de função; por exemplo, a última função vista:

```
1. function custoPoção(n){
2.     custoTotal = 15 * n;
3.     return custoTotal;
4. }
```

Poderia ser escrita desta forma, como uma expressão de função:

```
1. var custoPoção = function(n){
2.     custoTotal = 15 * n;
3.     return custoTotal;
4. }
```

Note que na linha 1 é criada uma função anônima que recebe um parâmetro **n** e esta função é assinada a uma variável.

Essa forma é mais utilizada quando é necessário declarar funções dentro de objetos para definir métodos – veja a próxima seção.

2.4.10 Objetos

Um objeto é o elemento que representa alguma entidade – abstrata ou concreta – do domínio de interesse do problema sob análise. É composto de diferentes propriedades, chamadas atributos.

Exemplo 2.20

```
1. var pessoa={
2.     nome: 'Luciano',
3.     idade: 26,
4.     cidade: 'Salvador'
5. };
```

Para acessar aos atributos do objeto, utiliza-se a notação com ponto (.):

```
1. console.log(pessoa.idade);
2. // 26
```

Objetos são úteis quando queremos idear um modelo da identidade – classe – para poder criar cópias – instâncias – que contêm as mesmas propriedades – atributos – e comportamentos – métodos.

Vejamos um exemplo de criação de classe na seguinte estrutura:

```
1.  var Personagem = function(nome, ataque, defesa, energia){
2.      this.nome = nome;
3.      this.ataque = ataque;
4.      this.defesa = defesa;
5.      this.energia = energia;
6.      this.ataca = function(quem){
7.          if(this.ataque > quem.defesa){
8.              console.log(this.nome + ' feriu ' + quem.nome);
9.              quem.energia--;
10.         }
11.         else
12.             console.log('O ataque de ' + this.nome +
                    ' não atingiu ' + quem.nome);
13.     }
14.     this.estaVivo = function( ){
15.         if(this.energia > 0)
16.             return true;
17.         else
18.             return false;
19.     }
20. }
```

Perceba que a classe é praticamente uma função que se torna o construtor desta, ou seja, a função que é utilizada para construir e inicializar os atributos. Para indicar os atributos, utilizamos a palavra-chave this, que indica um elemento interno da classe. Da mesma forma, criamos algumas funções dentro da classe, estas que são chamadas métodos.

Definida a classe, podemos instanciar objetos utilizando o comando new, pois, dessa forma, temos que:

```
1.   var p1 = new Personagem('Eleria', 5, 2, 3);
2.   var p2 = new Personagem('Zandix', 1, 4, 5);
3.
4.   p1.ataca(p2);
5.   // 'Eleria feriu Zandix'
6.
7.   console.log(p2.estaVivo( ));
8.   // true
9.
10.  p2.ataca(p1);
11.  // 'O ataque de Zandix não atingiu Eleria'
```

Mas esta ainda não é a forma adequada para definir uma classe em JavaScript. No exemplo anterior, cada objeto (p1 e p2) tem atributos duplicados – e isso é bom porque todo objeto pode ter valores diferentes –, mas também os métodos são duplicados – existem dois **métodos** – ataca e estaVivo –, um para cada objeto. Seria bom ter uma instância apenas dos métodos, a fim de **não ocupar a memória inutilmente. Isso é feito com a palavra-chave prototype**, que cria um protótipo de funcionamento da classe. Vejamos o próximo exemplo:

```
1.   Personagem = function(nome, ataque, defesa, energia){
2.       this.nome = nome;
3.       this.ataque = ataque;
4.       this.defesa = defesa;
5.       this.energia = energia;
6.   };
7.   Personagem.prototype = {
8.       ataca: function(quem){
9.           if(this.ataque > quem.defesa){
10.              console.log(this.nome + ' feriu ' + quem.nome);
11.              quem.energia--;
12.          }
13.          else
14.              console.log('O ataque de ' + this.nome +
```

```
15.                  ' não atingiu ' + quem.nome);
16.     },
17.     estaVivo: function( ){
18.         if(this.energia > 0)
19.             return true;
20.         else
21.             return false;
22.     }
23. }
```

Da mesma forma, criamos uma função que é o construtor da classe (linhas 1-6). Depois, com a palavra-chave **prototype**, definimos objetos que contêm os métodos da classe. O exemplo funciona da mesma forma, contudo, na memória existe um método que ataca, sendo estaVivo, ou seja, sem duplicados.

Considerações finais

Abordamos os seguintes temas: o que são HTML, CSS e JavaScript; como é feita uma página HTML; os comandos HTML que precisamos para usar o Phaser; o que é uma viewport e como configurar uma página para ser vista do mesmo modo em todos os dispositivos; quais comandos CSS usamos para configurar uma página de nosso jogo; variáveis e tipos em JavaScript; operadores matemáticos, lógicos, booleanos e de texto; estruturas condicionais e de repetição; vetores; objetos e funções.

Vamos praticar?

1 Com base no seguinte código, qual será o resultado impresso na console?

a) `for(i = 5; i>0; i--){`

b) `    console.log(i);`

c) `}`

2 Considere o seguinte código. Qual será o resultado impresso na console?

a) `var vet1 = [13, 16, 76, 21];`

b) `var vet2 = ['Alana', vet1, 8.5, true];`

c) `console.log(vet1[2]);`

d) `console.log(vet2[2]);`

e) `console.log(vet2[1][2]);`

f) `console.log(vet2[0][1]);`

3 O que faz a seguinte função?

a) `function semNome(a){`
b) `   if(a>0)`
c) `      return a;`
d) `   else`
e) `      return -a;`
f) `}`

4 HTML, CSS e JavaScript: o que são e qual é a função de cada um?

5 O que é viewport? Em qual caso é útil?

6 Quais tipos de variável disponibilizam JavaScript?

7 Indique o que escrever na página HTML para as seguintes linhas de código:
`nome = 'Juliana';`
`console.log('Olá, ' + nome);`

8 O que são margin e padding?

9 Pesquise e responda qual é e como funciona o operador condicional ternário.

10 Pesquise e responda o que é JSON, o que deve fazer com Javascript e como funciona.

Capítulo 3
Introdução a Phaser

Considerações iniciais

Neste capítulo, aprenderemos como o site do Phaser é organizado, como podemos baixar o repositório completo ou somente o arquivo para ser incluído como biblioteca em nossos jogos. Veremos também como um projeto é organizado, qual é o ciclo de vida de um jogo e como este é composto em estados. No final, será mostrado e comentado um primeiro exemplo.

3.1 Introdução a Phaser

Phaser é um framework JavaScript de código aberto (open source) para programação de jogos HTML5 para computadores desktop e dispositivos móveis, produzido pela Photon Storm. É um dos frameworks HTML5 open source mais utilizados e completos. Phaser é liberado sob licença MIT, que permite a reutilização de software licenciado em programas livres e proprietários.

A comunidade de Phaser é bem ativa e no site <https://phaser.io> (Figura 3.1) é possível encontrar recursos diferentes, como notícias e novidades, fóruns, tutoriais e exemplos.

 Site do Phaser.

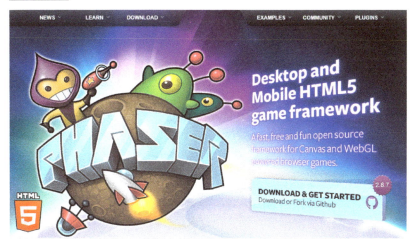

3.1.1 Como obter o Phaser

Para obter a versão mais recente do Phaser, procuraremos, no site, a aba **Download**. A versão atual é a Community Edition (CE) 2.10.0 lançada em 18 de janeiro de 2018: a partir de novembro de 2016, depois da versão 2.7, a Photon Storm liberou a versão CE para a comunidade sob forma de código aberto. As possibilidades de download são mostradas na Figura 3.2.

 Modalidades de download do Phaser.

Temos a possibilidade de baixar o repositório completo do Phaser, que inclui documentação, modelos, exemplos e muitos extras (Figura 3.3), ou simplesmente um único arquivo que será incluído como biblioteca JavaScript no projeto do jogo.

O repositório está no formato de **clone**, para o leitor com prática com o github conseguir cloná-lo no próprio HD. Encontra-se também no formato comprimido **zip**, mais comum em sistemas Windows e Mac, e no formato comprimido **tar.gz**, para sistemas Linux.

Figura 3.3 Repositório completo do Phaser.

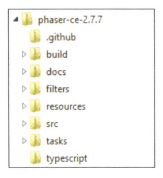

Se a escolha for baixar apenas o arquivo para ser incluído como biblioteca no projeto do jogo, temos duas possibilidades: o arquivo que está em formato **js** (3.175 KB), contendo todos os módulos da biblioteca em código legível – com espaços e comentários –; a versão **min.js** (791 KB), incluindo o código comprimido – versão minimizada –, sem comentários ou espaços, a fim de ocupar o menor espaço possível (Figura 3.4).

Figura 3.4 Extrato dos arquivos phaser.js e phaser.min.js.

```
function Line(){};

/**
 * Compute the intersection between two lines.
 * @static
 * @method lineInt
 * @param  {Array}  l1          Line vector 1
 * @param  {Array}  l2          Line vector 2
 * @param  {Number} precision   Precision to use when checking if the lines are parallel
 * @return {Array}              The intersection point.
 */
Line.lineInt = function(l1,l2,precision){
    precision = precision || 0;
    var i = [0,0]; // point
    var a1, b1, c1, a2, b2, c2, det; // scalars
    a1 = l1[1][1] - l1[0][1];
    b1 = l1[0][0] - l1[1][0];
```

```
!function(a){if("object"==typeof exports)module.exports=a();else if("function"==typeof define,1){var
b;"undefined"!=typeof window?b=window:"undefined"!=typeof global?b=global:"undefined"!=typeof self&&
(b=self),b.p2=a()}else define(a)}(function(){return function a(b,c,d){function e(g,h){if(!c[g]){if(!b[g])
{var i="function"==typeof require&&require;if(!h&&i)return i(g,!0);if(f)return f(g,!0);throw new
Error("Cannot find module '"+g+"'")}var j=c[g]={exports:{}};b[g][0].call(j.exports,function(a){var c=b[g]
[1][a];return e(c?c:a)},j,j.exports,a,b,c,d)}return c[g].exports}for(var f="function"==typeof
require&&require,g=0;g<d.length;g++)e(d[g]);return e}({1:[function(a,b,c){function d(){}var
e=a("./Scalar");b.exports=d,d.lineInt=function(a,b,c){c=c||0;var d,f,g,h,i,j,k,l=[0,0];return d=a[1][1]-
a[0][1],f=a[0][0]-a[1][0],g=d*a[0][0]+f*a[0][1],h=b[1][1]-b[0][1],i=b[0][0]-b[1][0],j=h*b[0][0]+i*b[0]
[1],k=d*i-h*f,e.eq(k,0,c)||(l[0]=(i*g-f*j)/k,l[1]=(d*j-h*g)/k),l},d.segmentsIntersect=function(a,b,c,d)
{var e=b[0]-a[0],f=b[1]-a[1],g=d[0]-c[0],h=d[1]-c[1];if(g*f-h*e==0)return!1;var i=(e*(c[1]-a[1])+f*(a[0]-
c[0]))/(g*f-h*e),j=(g*(a[1]-c[1])+h*(c[0]-a[0]))/(h*e-g*f);return i>=0&&i<=1&&j>=0&&j<=1}},
{"./Scalar":4}],2:[function(a,b,c){function d(){}b.exports=d,d.area=function(a,b,c){return(b[0]-a[0])*
(c[1]-a[1])-(c[0]-a[0])*(b[1]-a[1])},d.left=function(a,b,c){return
d.area(a,b,c)>0},d.leftOn=function(a,b,c){return d.area(a,b,c)>=0},d.right=function(a,b,c){return
d.area(a,b,c)<0},d.rightOn=function(a,b,c){return d.area(a,b,c)<=0};var e=[],f=
[];d.collinear=function(a,b,c,g){if(g){var h=e,i=f;h[0]=b[0]-a[0],h[1]=b[1]-a[1],i[0]=c[0]-b[0],i[1]=c[1]-
b[1];var
```

3.1.2 Organização de um projeto

Todos os arquivos de um projeto Phaser devem estar contidos em uma pasta de projeto. Teoricamente, todos os arquivos poderiam ficar no diretório raiz, mas para uma boa organização é importante separá-los em subpastas.

No diretório raiz, manteremos apenas o arquivo index.html, o qual é a página HTML que conterá o jogo. Criaremos uma pasta **lib**, na qual colocaremos o arquivo phaser.min.js; uma pasta **js**, com os arquivos JavaScript do jogo; uma pasta **assets**, que acomodará todos os elementos do jogo – imagens, áudios e outros elementos gráficos e não gráficos –, separados por tipo, como pode ser visto na Figura 3.5.

Figura 3.5 Organização de um projeto.

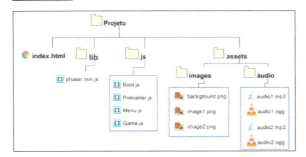

3.2 Ciclo de vida de um jogo e estados de jogo

Um jogo pode ser formado por diferentes estados. Em geral, cada tela de jogo pode ser representada por um estado: o menu, a tela de *gameover* – fim do jogo –, tela de recordes, e assim por diante (Figura 3.6).

Figura 3.6 Estados do jogo Flappy Bird, da dotGears Studios.

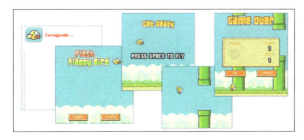

No repositório do Phaser, podemos encontrar um modelo de exemplo básico que propõe quatro estados de jogo: um estado chamado de **boot** – inicialização –, um chamado de **preloader** – carregamento de recursos –, um **menu** – tela de apresentação, com botões de escolhas – e um estado de **game** – no qual roda o jogo em si. Tais estados são geralmente representados por arquivos JavaScript, dentro da relativa pasta js – veja a Figura 3.5 no detalhe da pasta js.

Na Figura 3.7, podemos ver a sequência de carregamento dos estados e o consequente ciclo de vida do jogo: depois da inicialização no estado boot – por exemplo, do motor de física do jogo e a definição da resolução – passa para o carregamento de recursos – **preloader** – e, consequentemente, para a exibição do menu principal – **menu**. Quando o jogador pressiona o botão para começar o jogo, ativa o estado game até o final da sessão, a fim de voltar ao menu quando o jogo terminar.

Figura 3.7 Exemplo de estados de jogos e sequência de ativação.

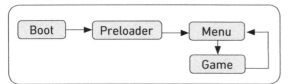

Um estado do jogo é composto por cinco métodos principais: **init, preload, create, update** e **render**. O método init é usado principalmente quando devemos passar valores de um estado para outro; **preload** é usado para o carregamento prévio de recursos, para evitar o uso de recursos sem que estejam completamente carregados; create cuida dos ajustes iniciais do estado, do desenho dos elementos na tela, da inicialização de variáveis de jogo; **update** é um método que é chamado de forma iterativa dentro do jogo, 60 vezes por segundo, e é usado para mover os elementos, processar as entradas do jogador, verificar se há colisões entre os elementos, e assim por diante.

O método **render**, por fim, é chamado automaticamente para cada elemento de jogo para redesenhá-lo. É necessário implementá-lo só se tiver algum elemento que não é desenhado seguindo o padrão. Um estado, para ser considerado tal, deve, pelo menos, implementar um desses métodos. Na Figura 3.8, podemos ver os detalhes de um estado de jogo.

Figura 3.8 Detalhe de um estado de jogo, com os métodos relativos.

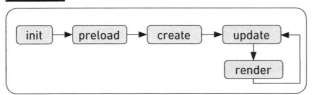

Geralmente, não utilizaremos os métodos init e render – trabalharemos com um modelo de estados de jogo simplificado, tal como se vê na Figura 3.9.

Figura 3.9 Estado de jogo simplificado.

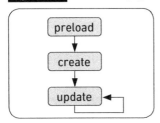

Assim, neste capítulo, teremos como foco os métodos de um estado, criando um primeiro exemplo com um único estado: o estado game. Aprofundaremos em um próximo capítulo na organização de estados diferentes e a passagem de um estado para outro.

Para criar um jogo, elaboramos uma nova instância de um objeto jogo, usando o método Phaser.Game:

```
game = new Phaser.Game(largura, altura, renderizador, elementoPai,
                              estado);
```

Seus parâmetros são indicados no Quadro 3.1.

Quadro 3.1 • Parâmetros do método Phaser.Game

Parâmetro	Significado	Valores
Largura	Largura da área do jogo	Pixel
Altura	Altura da área do jogo	Pixel
Renderizador	Renderizador gráfico	Constante: Phaser.CANVAS Phaser.WEBGL Phaser.AUTO
ElementoPai	Elemento HTML onde criar o canvas	Qualquer ID de um elemento HTML
Estado	Estado de jogo	Objeto contenente aos métodos de jogo

Fonte: elaborado pelos autores.

Largura e altura são os tamanhos da tela de jogo. Renderizador é uma constante que indica como o gráfico será renderizado: com um canvas HTML (Phaser.CANVAS) ou utilizando um acelerador gráfico (Phaser.WEBGL). Utilizando Phaser.AUTO deixamos o framework escolher a depender da situação.

ElementoPai indica onde o jogo será renderizado: podemos indicar um ID de um tag HTML ou, se não indicar nada, o jogo ficará no corpo do HTML.

O último parâmetro que utilizamos é o estado do jogo, o qual é um objeto que contém os métodos preload, create e update indicados anteriormente.

Exemplo 3.1

```
1.   var game = new Phaser.Game(635, 545, Phaser.AUTO, '', {preload:
     preload, create: create, update: update});
2.
3.   function preload(){
4.   }
5.
6.   function create(){
7.   }
8.
9.   function update(){
10.  }
```

3.3 Hello, Phaser!

Vejamos um primeiro exemplo que carrega um recurso gráfico e o mostra na tela (Figura 3.10). O arquivo index.html tem os elementos já examinados no capítulo anterior, enquanto que o arquivo game.js tem algumas novidades, as quais examinaremos a seguir.

Figura 3.10 Primeiro exemplo de programação em Phaser.

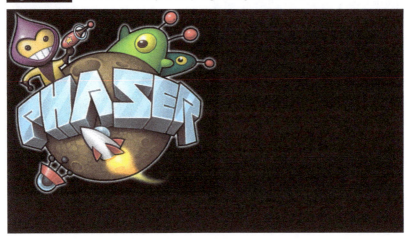

index.html

```
1.   <!DOCTYPE html>
2.   <html lang="en">
3.   <head>
4.       <meta charset="UTF-8">
5.       <title>Document</title>
6.       <meta name="viewport" content="width=device-width,
         user-scalable=no, initial-scale=1.0, maximum-scale=1.0,
         minimum-scale=1.0">
7.       <script src="lib/phaser.min.js"></script>
8.       <style>
9.          *{margin:0}
10.         body{background-color: #111;}
11.      </style>
12.  </head>
13.  <body>
14.      <script src="js/main.js"></script>
15.  </body>
16.  </html>
```

game.js

```
1.  var game = new Phaser.Game(635, 545, Phaser.CANVAS, 'Example',
        {preload: preload, create: create, update: update});
2.
3.  function preload(){
4.      game.load.image('phaser','assets/images/phaser.png');
5.  }
6.
7.  function create(){
8.      game.add.image(0,0,'phaser');
9.  }
10.
11. function update(){}
```

Como preload usamos o seguinte método:

```
game.load.image(nomeInterno, percursoAoRecurso);
```

Este serve para carregar os recursos gráficos e assinar um nome interno. Neste exemplo, carregamos o arquivo phaser.png que está situado dentro da pasta assets e, dentro da subpasta images, declaramos que queremos utilizá-lo com o nome interno phaser.

Esta instrução fica no método preload, uma vez que se trata de carregamento de recursos que deve ser executado antes do jogo começar a rodar.

No método create, utilizamos a seguinte instrução:

```
game.add.image(x, y, nomeInterno);
```

Esta é empregada a fim de situar a imagem na posição (x,y) indicada (0,0 é a origem da tela, indicando a esquina superior esquerda da tela).

Considerações finais

Abordamos os seguintes temas: o que é Phaser; os diversos modos para poder baixá-lo; como um projeto é organizado; como funciona o ciclo de vida de um jogo; os métodos principais de um estado de jogo; um primeiro exemplo com Phaser.

Vamos praticar?

1. Utilizando o exemplo visto neste capítulo, tente carregar duas imagens e mostrá-las na tela.

2. Considere os seguintes trechos de código:
   ```
   function create(){
       game.add.image(0,0,'fundo');
       game.add.image(0,0,'image1');
   }
   ```
   e:
   ```
   function create(){
       game.add.image(0,0,'image1');
       game.add.image(0,0,'fundo');
   }
   ```
   O que muda entre uma versão e outra? Teste com um exemplo.

3. Considere os seguintes trechos de código:
   ```
   function preload(){
       game.load.image('fundo','assets/images/fundo.png');
       game.load.image('image1','assets/images/image1.png');
   }
   ```
   e:
   ```
   function preload(){
       game.load.image('image1','assets/images/image1.png');
       game.load.image('fundo','assets/images/fundo.png');
   }
   ```
   O que muda entre uma versão e outra? Teste com um exemplo.

4. O que é a versão minimizada do Phaser?

5. Um projeto Phaser deve ter obrigatoriamente uma estrutura fixa de arquivos e pastas. Verdadeiro ou falso? Explique porquê.

6. O que é um estado de jogo?

7. Um jogo é composto sempre por quatro estados? Argumente a sua resposta.

8. Quais são os métodos principais de um estado de jogo e para que servem?

9. Pesquise e responda como aumentar automaticamente a escala para o jogo rodar ocupando a maior parte da janela do navegador. Sugestão: reveja o atributo game.scale.

10. Pesquise e responda como centralizar horizontalmente e/ou verticalmente a tela de jogo no navegador. Sugestão: reveja o atributo game.scale.

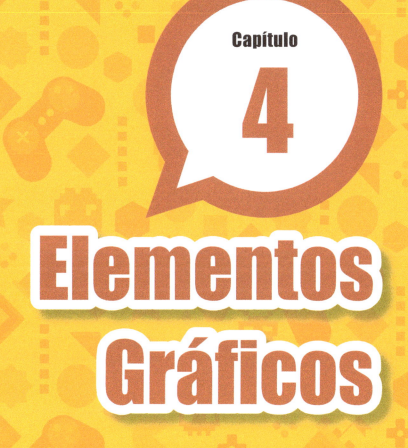

Capítulo 4
Elementos Gráficos

Considerações iniciais

Este capítulo trata de elementos gráficos básicos: as imagens e os sprites. Introduz também os números aleatórios, elementos fundamentais na programação de jogos. Na parte final do capítulo, são abordadas as spritesheets – folhas de sprites –, que podem ser usadas para agrupar imagens do mesmo contexto em um arquivo único ou agrupar sprites que fazem parte de uma animação.

4.1 Sprite e imagem

Um **sprite**, historicamente, identifica um objeto bidimensional ou tridimensional que normalmente representa um elemento do jogo que se move pela tela, sem deixar rastros. Um sprite é uma imagem que, além de poder ser posicionada na tela, pode ser animada e conseguimos aplicar aspectos físicos para ela.

Como visto, os gráficos de um jogo – **assets** – são carregados na fase de **preload** e exibidos na etapa de **create**. O eventual movimento – interacção – é feito na fase de **update** (Figura 4.1).

Figura 4.1 Detalhe de um estado de jogo simplificado, com os métodos relativos.

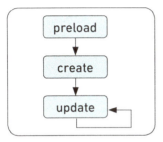

Para carregar uma imagem, usamos o seguinte método:

```
game.load.image('nomeInterno', 'percursoArquivo');
```

PercursoArquivo é o nome do recurso que inclui o percurso relativo, e nomeInterno é o nome com o qual identificamos o asset dentro do jogo.

Para mostrar uma imagem/sprite, usamos:

```
image = game.add.image(x, y, 'nomeInterno');
sprite = game.add.sprite(x, y, 'nomeInterno');
```

em que X e Y são as coordenadas da posição onde queremos colocar o elemento. Quando posicionamos um elemento na tela, devemos levar em conta que as coordenadas são calculadas a partir do canto superior esquerdo da tela (Figura 4.2).

Figura 4.2 Exemplo de coordenadas da tela do jogo (800 × 600).

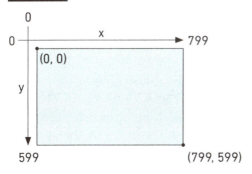

Elementos Gráficos 63

Geralmente, salvamos o objeto, image ou sprite, a fim de que tais métodos retornem para poder manipulá-lo sucessivamente.

Exemplo 4.1

Figura 4.3 Primeiro exemplo de programação em Phaser.

```
1.   var game=new Phaser.Game(800, 464, Phaser.AUTO, 'Example',
         {preload: preload, create: create, update: update});
2.
3.   function preload(){
4.       game.load.image('landscape', 'assets/images/landscape.png');
5.       game.load.image('ovelha', 'assets/images/ovelha.png');
6.   }
7.   function create(){
8.       game.add.image(0, 0, 'landscape');
9.       ovelha = game.add.sprite(500, 250, 'ovelha');
10.  }
11.  function update(){
12.  }
```

O objeto game é inicializado a 800 × 464 pixels porque a imagem de fundo tem o mesmo tamanho.

A imagem de fundo não foi salva em uma variável porque, depois de ser posicionada na tela, não vamos mais manipulá-la. Como vemos, essa imagem é alocada na posição (0,0) e cobre a tela inteira de jogo. Por padrão, uma imagem tem como ponto inicial de posicionamento – âncora – o canto superior esquerdo.

O objeto ovelha foi criado sem o comando var, para ser visível em todas as funções (é um objeto global). O trecho de código a seguir é equivalente, porém, usa o var para declarar o objeto.

```
1.  var ovelha;
2.  function create(){
3.     game.add.image(0, 0, 'landscape');
4.     ovelha = game.add.sprite(500, 250, 'ovelha');
5.  }
6.  function update(){
7.     // ovelha aqui existe
8.  }
```

No caso em que a variável não seja declarada, como acontece no código originário, é automaticamente global, como se fosse declarada fora das funções com var, como no trecho anterior.

No código anterior, a ovelha é alocada na posição (500, 200). Se quiséssemos que a referência das coordenadas fosse em outro ponto do sprite, poderíamos utilizar a propriedade **anchor**, a qual estabelece o seguinte ponto de âncora:

```
sprite.anchor.setTo(pax, pay);
sprite.anchor.setTo(pa);
```

em que pax e pay são valores x e y do ponto da âncora, entre 0 e 1, que indicam, respectivamente, o início e o fim da imagem – sendo 0.5 ou ponto de meio. De padrão, então, o ponto de âncora é definido como (0,0) e, para colocar o ponto no meio da imagem, podemos utilizar:

```
ovelha.anchor.setTo(.5);
```

Figura 4.4 Sprites com âncoras diferentes.

Elementos Gráficos 65

Além da âncora, temos outras propriedades de um objeto de tipo sprite que podem ser personalizadas. Conseguimos, por exemplo, estabelecer uma nova posição do elemento:

```
sprite.position.setTo(x, y);
sprite.position.x = px;
sprite.position.y = py;
```

Atalhos:

```
sprite.x = sx;
sprite.y = sy;
```

Podemos também estabelecer uma nova escala do elemento:

```
sprite.scale.setTo(sx, sy);
sprite.scale.setTo(s);
sprite.scale.x = px;
sprite.scale.y = py;
```

Sua escala de um elemento é um valor numérico. Assim, 1 indica o tamanho real da imagem; 0.5 (ou .5) sinaliza a metade; 2 aponta o dobro, e assim por diante. Um valor negativo significa uma escala com inversão da imagem naquele específico eixo.

Podemos estabelecer também uma rotação do elemento:

```
sprite.angle = ângulo;
```

em que o ângulo é um valor em graus, entre −180 e 180, enquanto 0 é o valor padrão e indica uma rotação de 0 graus (Figura 4.5).

Figura 4.5 Sistema angular do Phaser.

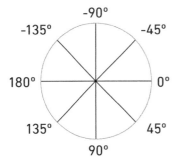

Quando queremos eliminar um sprite da tela, devemos utilizar o método kill:

```
sprite.kill();
```

Este método não elimina definitivamente o sprite, mas o remove da tela. Para reutilizá-lo, podemos usar o método reset:

```
sprite.reset(px, py);
```

Reset coloca o sprite de novo na tela, na posição (px, py).

4.2 Imagens e números aleatórios

Os números aleatórios correspondem a uma parte fundamental da programação de jogos. Não há praticamente nenhum jogo que não use esse recurso; caso contrário, todos os jogos seriam repetitivos e previsíveis.

JavaScript tem um recurso – o método random – para gerar números aleatórios, mas dada a grande importância deste tema, Phaser introduz métodos novos e mais práticos para realizar esta tarefa.

4.2.1 Math.random

Este é o método **random** da biblioteca matemática de JavaScript – **Math** –, que retorna um valor decimal entre 0 incluído e 1 excluído.

```
n = Math.random();
// 0.0 <= n < 1.0
```

Tal número geralmente é multiplicado pela quantidade de resultados que queremos obter – range do intervalo:

```
n = Math.random() * 6;
// 0.0 <= n < 6.0
```

Ao resultado é adicionado o valor 1 para começar a geração de números do 1:

```
n = Math.random() * 6 + 1;
// 1.0 <= n < 7.0
```

Ao final, querendo um valor inteiro, é chamado um outro método da biblioteca matemática que corta a parte decimal:

```
n = Math.floor(Math.random() * 6 + 1);
// 1 <= n < 7 de consequência entre 1 e 6
```

Com este procedimento podemos gerar qualquer range de valores aleatórios, contudo, pode ficar um pouco complicado de calcular.

Exemplo 4.2

Considere posicionar um sprite na posição x = 400 pixels e y aleatório entre 200 e 450 pixels:

```
1. px = 400;
2. py = Math.random() * 250 + 200;
3. sprite.position.setTo(px, py);
```

Entre 200 e 450 pixels temos 250 possibilidades, e o valor inicial é 200. Por isso, a fórmula multiplica * 250 e soma 200.

4.2.2 Game.rnd

Em Phaser, está disponível um objeto **rnd** que permite uma geração de números aleatórios de modo mais simples. No Quadro 4.1, podemos ver alguns dos métodos que fornece:

Quadro 4.1 • Métodos aleatórios do objeto rnd

Valor	Tipo	Intervalo	Função
Ângulo	int	-180, 180	game.rnd.**angle**()
Limites	int	min, max	game.rnd.**between**(min, max)
Array	depende do elemento	elemento array	game.rnd.**pick**(array) game.rnd.**pick**([3 ,5 ,..4])
Fracional	real	0, 1	game.rnd.**frac**()
Normal	real	-1, 1	game.rnd.**normal**()

Fonte: elaborado pelos autores.

- **Angle()** retorna um valor aleatório entre −180 e 180, que pode servir para assinar uma angulação aleatória para um sprite.
- **Between()** quer dois parâmetros que indiquem o mínimo e o máximo do intervalo em que gerar o número.
- **Pick()** recebe um array em entrada e retorna um valor estrato aleatoriamente do array.
- **Frac()** é o método que mais se parece ao random do Javascript, e retorna um valor entre 0 e 1.
- **Normal()** retorna um valor entre −1 e 1.

Os exemplos anteriores podem ser simplificados desta maneira:

```
n = Math.floor(Math.random() * 6 + 1);   // js
n = game.rnd.between(1,6);               // phaser


py = Math.random() * 250 + 200;          // js
py = game.rnd.between(200, 450);         // phaser
```

4.2.3 Composição com números aleatórios

Expandiremos o exemplo do item 4.1, agora colocando sprites em posições aleatórias.

Figura 4.6 Imagens em posição e dimensão aleatórias.

```
1.  var game=new Phaser.Game(800, 464, Phaser.AUTO, 'Example',
        {preload: preload, create: create, update: update});
2.
3.  function preload(){
4.
        game.load.image('landscape','assets/images/landscape.png');
5.      game.load.image('sol','assets/images/sol.png');
6.      game.load.image('flor1','assets/images/flor1.png');
7.      game.load.image('flor2','assets/images/flor2.png');
8.      game.load.image('ovelha','assets/images/ovelha.png');
9.  }
10.
11. function create(){
12.     game.add.image(0,0,'landscape');
13.
14.     sol = game.add.sprite(game.world.centerX, 50, 'sol');
15.     sol.anchor.setTo(.5)
16.     sol.scale.setTo(.25);
17.
18.     for(i = 0; i < 50; i++){
19.         fx = game.rnd.between(0, 800);
20.         fy = game.rnd.between(300,450)
21.         flor = game.add.sprite(fx, fy, 'flor2');
22.         flor.anchor.setTo(.5)
23.         flor.scale.setTo(Math.random() / 2 + .1);
```

```
24.
25.         fx = game.rnd.between(0, 800);
26.         fy = game.rnd.between(300, 450)
27.         flor = game.add.sprite(fx, fy, 'flor1');
28.         flor.anchor.setTo(.5)
29.         flor.scale.setTo(Math.random() / 2 + .1);
30.     }
31.     ovelha=game.add.sprite(500, 250, 'ovelha');
32.     ovelha.anchor.setTo(.5);
33.     ovelha.scale.setTo(.5);
34. }
35.
36. function update(){
37.     sol.angle++;
38. }
```

Examinemos este exercício:

No preload (linhas 3-9), são carregados todos os assets do jogo.

No create, os assets são posicionados na tela. Primariamente, a imagem do fundo (landscape, linha 12). Sucessivamente, o Sol é posicionado no centro da coordenada x usando a propriedade game.world.centerX e a 50 pixel do topo da tela. Sua âncora é posicionada no centro da imagem e é escalonada a 25% do tamanho originário (14-16).

Nas linhas 18 a 30, são geradas 50 flores de tipo 1 e 50 flores de tipo 2, distribuídas aleatoriamente na parte do primeiro plano da tela (Figura 4.5). Como no primeiro passo, são criadas as coordenadas fx e fy com valores respectivamente entre 0 e 800 – a largura de toda a tela – e entre 300 e 450 – a zona de primeiro plano. A flor é posicionada e dimensionada aleatoriamente (linha 23) – na qual a escala é calculada com esta fórmula:

```
flor.scale.setTo(Math.random() / 2 + .1);
```

Dividindo por 2 o resultado de Math.random (dando como resultado um número aleatório 0.0 <= n < 0.5) e somando 0.1 (0.1 <= n <0.6), indica-se que a flor terá entre 10% e 60% do tamanho originário.

Nas linhas 25 a 29, os mesmos cálculos são feitos para o segundo tipo de flor.

Nas linhas 31 a 33, a ovelha é posicionada e redimensionada.

São dignas de nota as linhas 36 a 38, onde, no método update, achamos um incremento de uma propriedade do sprite Sol: o método update é chamado 60 vezes por segundo durante a execução do jogo, enquanto que, por enquanto, o ângulo do sprite é aumentado durante o jogo, causando um efeito de animação.

4.3 Spritesheet

Um **spritesheet** – literalmente, folha de sprites – é um conjunto de sprites agrupados em um único arquivo. Geralmente, são elementos de um mesmo conjunto lógico – conjunto de inimigos, bonuses, frutas –, como no exemplo da Figura 4.7; ou frames – quadros – que serão utilizados para uma animação – corsa, pulo –, como mostrado na Figura 4.8.

Figura 4.7 Elementos gráficos representantes frutas.

Figura 4.8 Frames de animação de personagens.

Para carregar um spritesheet, usamos, no preload, o seguinte método:

```
game.load.spritesheet( 'nomeInterno', 'percursoAoRecurso', dimX, dimY);
```

que aceita, como parâmetro, o nome interno do recurso – aliás –, o percurso ao recurso e as dimensões em pixel de largura e altura de cada elemento.

Exemplo 4.3

```
game.load.spritesheet('frutas', 'assets/images/frutas.png', 32, 32);
```

Neste modo, o Phaser divide a imagem em pedaços diferentes da dimensão definida (Figura 4.9).

Figura 4.9 Índices de sprite no spritesheet.

Elementos Gráficos 71

4.3.1 Spritesheet como conjunto de sprites

Uma vez carregado nosso spritesheet, podemos criar objetos de tipo sprite indicando o índice de posição da imagem que queremos utilizar, usando uma versão ampliada do método game.add.sprite – este visto no Capítulo 3:

```
Sprite = game.add.sprite(x, y, 'nomeInterno', índice);
```

Exemplo 4.4

```
1. banana = game.add.sprite(50, 50, 'frutas', 1);
2. pessego = game.add.sprite(100, 100, 'frutas', 3);
```

Quando utilizamos diferentes objetos gráficos, é mais comum criar grupos – **group** – de objetos para referenciar ou assinar propriedades ao grupo em vez de um objeto por vez – isso será visto em um capítulo posterior.

4.3.2 Spritesheet como frames de animação

Se o spritesheet contém gráficos de animação, cada elemento é chamado de frame – quadro. Podemos criar diferentes animações utilizando este método no create:

```
sprite.animations.add('nomeAnimação', [frames], frameRate, repetição);
```

que tem como parâmetros nomeAnimação, esta que será a referência para a sua execução, um array com os índices dos elementos que compõem a animação, o frame rate – número de frames por segundo que, se não explicitado, segue o padrão de 60 – e um valor booleano que indica se a animação deve ou não ser repetida.

Figura 4.10 Frames de animação de personagens.

Exemplo 4.5

Fazendo referência à Figura 4.10, utilizaremos os três primeiros frames para criar a animação da galinha:

```
chicken.animations.add('walk', [0,1,2], 10, false);
```

No caso da personagem – sempre na Figura 4.10 –, temos frames de diferentes animações que serão assim instanciadas:

```
1. player.animations.add('walkD', [0,1,2,3]);
2. player.animations.add('walkR', [4,5,6,7]);
3. player.animations.add('walkU', [8,9,10,11]);
4. player.animations.add('walkL', [12,13,14,15]);
```

Trata-se de criar uma animação diferente para caminhar em cada direção.

No update, utilizaremos o seguinte método para executar a animação:

```
sprite.animations.play('nomeAnimação', frameRate, repetição, eliminar);
```

Os parâmetros são quase os mesmos do método add, visto que podemos modificar o frame rate e a repetição em cada chamada do método play. Como sempre, em JavaScript, se não utilizamos os parâmetros, podemos tranquilamente omiti-los. Ademais, o último parâmetro é um boolean que indica se o sprite deve ser eliminado depois de ter executado a animação – por exemplo, a animação de uma explosão.

Exemplo 4.6

```
chicken.animations.play('walk');
```

Existe um atributo que podemos utilizar para estabelecer o frame ativo – no início do jogo ou para interromper uma animação:

```
Sprite.frame = nFrame;
```

Exemplo 4.7

```
chicken.frame = 3;
```

4.3.3 Exemplo de animação e grupos de elementos

No seguinte exemplo, juntaremos todas as informações relativas a spritesheet, grupos de elementos e animação. Criaremos a animação da galinha e colocaremos alguns elementos do spritesheet de frutas de modo aleatório na tela.

Exemplo 4.8

Figura 4.11 Elementos aleatórios na tela e animação.

```
1.    var game=new Phaser.Game(800, 600, Phaser.CANVAS, 'game',
          {preload: preload, create: create, update: update});
2.
3.    function preload(){
4.        game.load.spritesheet('chicken', 'assets/images/chick.png',
                                        16, 18);
5.        game.load.spritesheet('frutas', 'assets/images/frutas.png',
                                        32, 32);
6.    }
7.    function create(){
8.        game.stage.backgroundColor = "#377";
9.        game.scale.scaleMode = Phaser.ScaleManager.SHOW_ALL;
10.       game.scale.pageAlignHorizontally = true;
11.       game.scale.pageAlignVertically = true;
12.
13.       this.chicken = game.add.sprite(50, 50, 'chicken');
14.       this.chicken.anchor.setTo(.5);
15.       this.chicken.scale.setTo(1.5);
16.       this.chicken.animations.add('walk', [0,1,2], 10, false);
17.
18.       for(var i = 0;i < 100;i++){
19.           var x = game.rnd.between(50, 750);
20.           var y = game.rnd.between(50, 550);
21.           if(i < 50)
22.               game.add.sprite(x, y, 'frutas', 0);
23.           else
24.               game.add.sprite(x, y, 'frutas', 3);
25.       }
26.   }
27.   function update(){
28.       this.chicken.animations.play('walk');
29.   }
```

Nas linhas 4 e 5, carregaremos os spritesheet. Já nas linhas 8 a 11, estabeleceremos uma cor de fundo e colocaremos o jogo em tela cheia, centralizado. Nas linhas 13 a 16, criaremos nosso sprite da galinha, colocaremos a âncora no centro e aumentaremos um pouco o tamanho. Criaremos também a animação chamada **walk** – andar. Nas linhas 18 a 25, criaremos 100 sprites em posição aleatória: os primeiros 50 serão pegos do **spritesheet** fruta com o índice de 0 (cereja) e os outros 50 com o índice 3 (pêssego). No método update (linha 28), executaremos a animação que ficará, assim, em um laço infinito.

Considerações finais

Abordamos os seguintes temas: elementos gráficos; características de um sprite; como gerar um número aleatório; o que é um spritesheet; como criar um sprite de um elemento do spritesheet e como criar uma animação.

Vamos praticar?

1. Qual é a diferença entre uma image e um sprite?

2. Considere uma tela de jogo de 600 × 800 pixels. Qual é a coordenada do ponto inferior direito da tela? E qual é a coordenada do ponto superior esquerdo?

3. O que é a âncora de um sprite?

4. Quais dos seguintes traços de código centralizam um sprite de tamanho 200 × 100 pixels em uma tela de 800 × 600 pixels?

    ```
    1. ovelha = game.add.sprite(400, 300, 'ovelha');
    2. ovelha = game.add.sprite(game.world.centerX, game.world.cen-
       terY, 'ovelha');ovelha.anchor.setTo(1);
    3. ovelha = game.add.sprite(game.world.centerX, game.world.cen-
       terY, 'ovelha'); ovelha.anchor.setTo(.5, .5);
    4. ovelha = game.add.sprite(300, 250, 'ovelha');
    ```

5. O que indica uma escala de 2? E uma escala de .5?

6. Com qual método é eliminado um sprite da tela?

7. O que faz a seguinte linha de código?

    ```
    sprite.angle = game.rnd.angle();
    ```

Desafios

8. Crie um jogo com as seguintes características:
    a) estabelecer uma cor de fundo verde;
    b) carregar as imagens das 6 faces de um dado;
    c) simular o lançar de três dados, mostrando as imagens correspondentes.

9. Use o spritesheet da fruta para gerar 100 elementos aleatórios em posições também aleatórias.

10. Procure um spritesheet com uma animação em internet. Dica: pesquise no site <http://opengameart.org>. Importe, então, o arquivo em um projeto de jogo e anime um sprite.

11. Procure uma imagem de um jogo de cartas. Distribua os elementos como na Figura 4.12, posicionando os sprites um por um. Dica: procure e utilize o método sprite.alignTo() para executar a mesma tarefa.

Figura 4.12 Jogo de cartas.

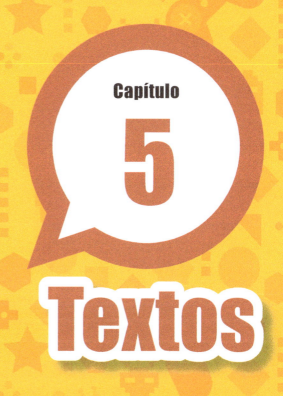

Capítulo 5

Textos

Considerações iniciais

O texto é uma componente importante no contexto de jogos digitais. Muitos elementos são textuais: narrativa, instruções, bônus, pontuação, diálogos, e assim por diante. Assim, neste capítulo, introduziremos dois métodos para criar textos em Phaser.

5.1 Texto com fontes browser safe

Phaser possibilita a criação de dois tipos de textos: texto que usa fontes **browser safe** e texto bitmap.

As fontes **browser safe** são aquelas que todos navegadores web têm implementadas, por exemplo, Arial, Times, Verdana etc.

Já o texto bitmap usa fontes que não são diretamente suportadas no navegador; estas fontes devem estar incluídas como arquivos nas pastas do jogo.

Para criar um texto, usamos o seguinte método:

```
texto = game.add.text(x, y, 'texto', estilo);
```

em que **x** e **y** são as coordenadas da posição na qual queremos colocar o texto. Texto é o que queremos criar, e estilo é um objeto que define o estilo do texto – fonte, tamanho e cor, por exemplo.

Exemplo 5.1

```
1. estilo = { font: "bold 22px Arial", fill: "#fff"};
2. texto = game.add.text(0, 0, "Game Over!", estilo);
```

Na linha 1, definimos um estilo de fonte Arial, 22 pixels de tamanho, negrito, de cor branca. Na linha 2, criamos o texto "Game Over!", no estilo definido na linha anterior e o posicionamos nas coordenadas 0,0.

Para atualizar o texto, podemos acessar à propriedade **text** e assinar um novo texto:

```
texto.text = "novo texto";
```

Para mudar de posição, podemos assinar novos valores às propriedades **x** e **y**:

```
texto.x = nx;
texto.y = ny;
```

Como as imagens, o texto também tem uma âncora:

```
texto.anchor.setTo(ax, ay);
```

O texto pode ganhar uma sombra com o método setShadow:

```
texto.setShadow(dx, dy, cor, degradê);
```

Note que **dx** e **dy** são as distâncias da sombra do texto, em pixels. O parâmetro **cor** é um texto que representa uma cor hexadecimal (tipo '#fff') ou mediante uma função Red, Green, Blue (RGB), ou seja, que aceita as componentes vermelha, verde e azul como parâmetros (valores entre 0 e 255), ou Red, Green, Blue, Alpha (RGBA), que tem também uma componente alpha para indicar o canal alpha de transparência (valor entre 0 e 1).

Exemplo 5.2

Figura 5.1 Particular da tela que mostra o resultado do exercício.

```
1.   var game=new Phaser.Game(640, 480, Phaser.CANVAS, 'game',
     {preload: preload, create: create, update: update});
2.
3.   function preload(){}
4.   function create(){
5.       this.score = 0;
6.       game.stage.backgroundColor = '#00f';
7.       var estilo = { font: "bold 18px Arial", fill: "#fff"};
8.
9.       this.scoreText = game.add.text(10, 10, "Score: " +
                         this.score, estilo);
10.      this.scoreText.setShadow(3, 3, 'rgba(0,0,0,0.5)', 2);
11.  }
12.  function update(){
13.      this.score++;
14.      this.scoreText.text = 'Score: '+this.score;
15.  }
```

No método create (linha 5), é criada e inicializada uma variável score. Estabelecemos o azul como cor de fundo da tela (linha 6) e definimos um estilo de texto: Arial, 18 pixels, negrito e de cor branca (linha 7). Na sequência, definimos o texto que colocaremos na tela (linha 9) e a própria sombra preta ao 50% de transparência (linha 10). No método update, incrementamos a variável score e modificamos o texto visualizado – lembrando que o método update é executado 60 vezes por segundo, de modo que teremos como resultado um contador que aumenta muito rapidamente.

5.2 Texto bitmap

Para utilizar uma fonte que não seja as de browser safe dos navegadores, podemos utilizar outro recurso do Phaser, o texto bitmap.

Assim e inicialmente, procuraremos uma fonte de nosso agrado em um site que oferece. Como exemplo, escolhemos a fonte Big Bottom Cartoon, do site <http://dafont.org>.

Figura 5.2 Fonte Big Bottom Cartoon.

Tal site permite baixar a fonte no formato truetype (tff). Para converter a fonte ao formato requerido pelo Phaser, utilizaremos o WebApp Littera – citado no primeiro capítulo desta obra.

Carregando a fonte, poderemos modificar algumas características, tais como cor de preenchimento, traço, sombra, podendo escolher degradê e transparência. Uma vez terminada a edição, exportaremos a fonte no formato adaptável ao Phaser. O aplicativo automaticamente salvará um arquivo png com a imagem dos caracteres e outro arquivo xml com a descrição da estrutura da imagem.

Figura 5.3 Edição da fonte.

Figura 5.4 Fonte elaborada.

Para carregar a fonte, usamos o método bitmapFont no preload:

```
game.load.bitmapFont('nomeFonte', 'fonte.png','fonte.xml');
```

Para criar um texto, usamos no create:

```
game.add.bitmapText(x, y, 'nomeFonte', 'texto', tamanho);
```

Exemplo 5.3

```
1. game.load.bitmapFont('cartoon',
          'assets/fonts/font.png','assets/fonts/font.fnt');
2. gameOverText = game.add.bitmapText(200, 100, 'cartoon',
                                    'Game Over!', 48);
```

Aumentaremos o exemplo anterior para colocar um texto bitmap no meio da tela:

Figura 5.5 Os dois tipos de texto que Phaser suporta.

```
1.   var game=new Phaser.Game(640, 480, Phaser.CANVAS, 'game',
         {preload: preload, create: create, update: update});
2.
3.   function preload(){
4.       game.load.bitmapFont('cartoon',
             'assets/fonts/font.png','assets/fonts/font.fnt');
5.   }
6.   function create(){
7.       this.score = 0;
8.       game.stage.backgroundColor = '#00f';
9.       var estilo = { font: "bold 18px Arial", fill: "#fff"};
10.
11.      this.scoreText = game.add.text(10, 10, "Score: " +
```

```
                                              this.score, estilo);
12.     this.scoreText.setShadow(3, 3, 'rgba(0,0,0,0.5)', 2);
13.
14.
15.     var gameOverText = game.add.bitmapText(200, 100, 'cartoon',
                                                'Game Over!', 48);
16.     gameOverText.anchor.setTo(.5);
17.     gameOverText.x = game.world.centerX;
18.     gameOverText.y = game.world.centerY;
19. }
20. function update(){
21.     this.score++;
22.     this.scoreText.text = 'Score: '+this.score;
23. }
```

Foram adicionadas as linhas em negrito. Na linha 4, carregamos a fonte. Na linha 15, criamos o texto e, nas linhas 16 a 18, usamos as propriedades e os métodos que já conhecemos para centralizar o texto no meio da tela.

> No exemplo, alguns objetos são instanciados utilizando a palavra-chave this e outros mediante a palavra-chave var. Como visto, quando instanciamos uma variável/objeto com var dentro de uma função, seu escopo é limitado ao contexto da função. Quando instanciamos algo com this, torna-se atributo do objeto-pai – game, neste exemplo – e continua a existir até o objeto-pai existir. Os objetos de estilo e GameOverText têm sentido de existir apenas no método create, uma vez que não são usados/referenciados em outros métodos – por isso são criados com a palavra-chave var.

Considerações finais

Abordamos os seguintes temas: quais são os tipos de texto que Phaser suporta; como criar um texto **browser safe**; como baixar uma fonte e convertê-la em bitmap; como o Phaser implementa uma fonte bitmap.

Vamos praticar?

1. Quais podem ser elementos textuais em um jogo digital?
2. Quais tipos de texto são disponibilizados pelo Phaser?
3. Crie um texto browser safe com fonte Verdana, 40 de tamanho, negrito, de cor vermelha com sombra vermelho-escura, em uma tela branca.
4. Pesquise e crie um contador decremental de segundos – usando a função game.time.events.repeat – que, a partir de 10, decrementa até 0 e que, ao chegar em 0, muda a cor da tela para vermelho.

Desafios

5. Procure uma fonte free no site fontsquirrel. Converta-a em texto bitmap e a utilize em um programa Phaser.
6. Pesquise uma interface de jogo – Game User Interface (Game UI) – que contenha vidas, pontos, moedas, e assim por diante. Insira uma imagem de fundo e construa um Game UI com os elementos de texto – browser safe ou bitmap –, tal como no exemplo da Figura 5.6:

Figura 5.6 Jogo com game UI textual.

Capítulo 6

Elementos de Input

Considerações iniciais

Uma parte fundamental da programação de jogos é a interatividade. Dependendo do tipo jogo e da plataforma em que é executado, podemos utilizar diferentes dispositivos de entrada – input. Os mais comuns são teclado, mouse e tela sensível ao toque. Botões são também elementos de input. Assim, neste capítulo, veremos alguns destes instrumentos que o Phaser disponibiliza para a interação com o jogador.

6.1 Input pelo teclado

O Phaser possui dois métodos para utilizar o teclado como meio de entrada: no primeiro, podemos configurar um observador – listener – para qualquer tecla; o segundo implementa um conjunto padrão de teclas, chamado de cursors.

6.1.1 Implementação com listener

Primeiramente, crie um observador de uma tecla com o seguinte método:
```
tecla = game.input.keyboard.addKey(constanteTecla);
```

ConstanteTecla pode ser o código Ascii da tecla ou uma constante fornecida pelo Phaser e tem esta estrutura:
```
Phaser.Keyboard.TECLA
```

Exemplos:
```
Phaser.Keyboard.LEFT
Phaser.Keyboard.DOWN
Phaser.Keyboard.UP
Phaser.Keyboard.RIGHT
Phaser.Keyboard.SPACEBAR
Phaser.Keyboard.A
Phaser.Keyboard.CONTROL
```

No update, utilizamos a propriedade isDown da tecla para ver se está pressionado:
```
tecla.isDown
```

Esta propriedade é booleana, e o valor é verdadeiro se a tecla está pressionada – ou falso, caso contrário.

Exemplo 6.1

Figura 6.1 Movimento usando observador de teclas.

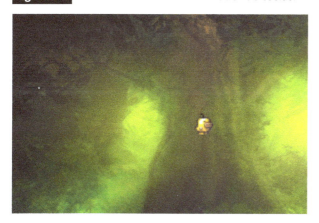

Elementos de Input 87

```
1.   var game=new Phaser.Game(500, 340, Phaser.CANVAS, 'Example',
         {preload: preload, create: create, update: update});
2.
3.   function preload(){
4.      game.load.image('forest', 'assets/images/forest.png');
5.      game.load.spritesheet('chicken', 'assets/images/chick.png',
                         16,18);
6.   }
7.   function create(){
8.      game.add.image(0, 0, 'forest');
9.
10.     chicken = game.add.sprite(game.world.centerX,
                              game.world.centerY, 'chicken');
11.     chicken.animations.add('walk', [0,1,2], 10, false);
12.     chicken.anchor.setTo(0.5);
13.     chicken.scale.setTo(1.5);
14.
15.     // movimento
16.     leftkey = game.input.keyboard.addKey(Phaser.Keyboard.A);
17.     rightkey = game.input.keyboard.addKey(Phaser.Keyboard.D);
18.  }
19.  function update(){
20.     if(rightkey.isDown) {
21.         chicken.x += 5;
22.         chicken.scale.x = 1.5;
23.         chicken.animations.play('walk');
24.     }
25.     else if(leftkey.isDown) {
26.         chicken.x -= 5;
27.         chicken.scale.x = -1.5;
28.         chicken.animations.play('walk');
29.     }
30.     else{
31.         chicken.frame=0;
32.     }
33.  }
```

Para este projeto, usamos o spritesheet chicken – já visto nos capítulos anteriores – para ter um personagem com uma animação. Carregamos uma imagem de fundo e, no método create, posicionamos tudo na tela. A criação de observadores de teclas é feita nas linhas 16 e 17, onde são registradas as teclas A e D do teclado. No update, mediante uma estrutura condicional, verificamos os estados das teclas registradas: caso a tecla D esteja pressionada (linhas 20-24), incrementamos a posição x do sprite, colocamos uma escala positiva – sprite direcionado à direita – e ativamos a animação. No caso, a tecla A pressionada (linhas 25-29), decrementamos x. Com a escala negativa de x o sprite vira horizontalmente – direcionado à esquerda – e a animação é ativada. No último caso, quando nenhuma tecla está pressionada, o sprite se posiciona no frame 0, que é o frame de posição inicial, onde a galinha fica parada.

Movimentar o sprite utilizando a posição x e y é possível, como vimos neste exemplo, mas Phaser disponibiliza métodos mais eficazes para fazer isso, utilizando a física. No próximo capítulo, aprofundaremos mais este ponto.

6.1.2 Implementação com objeto cursors

Como antecipado, Phaser disponibiliza um objeto cursors para facilitar situações de input padrão, utilizando as setas do teclado.

Para inicializar o objeto, usa-se o seguinte método no create:

```
cursors = game.input.keyboard.createCursorKeys();
```

O objeto cursor é um conjunto de outros quatro objetos – up, down, left e right – que podem ser testados utilizando a propriedade isDown – como no caso anterior:

```
cursors.up.isDown
```

Exemplo 6.2

Este exemplo utiliza o mesmo código do anterior até a linha 15, para depois continuar implementando o objeto cursors.

```
1.   var game=new Phaser.Game(500, 340, Phaser.CANVAS, 'Example',
        {preload: preload, create: create, update: update});
2.
...
15.      // movimento
16.      cursors = game.input.keyboard.createCursorKeys();
17. }
18. function update(){
19.      if(cursors.right.isDown){
20.          chicken.x += 5;
```

```
21.        chicken.scale.x = 1.5;
22.        chicken.animations.play('walk');
23.     }
24.     else if(cursors.left.isDown){
25.        chicken.x -= 5;
26.        chicken.scale.x = -1.5;
27.        chicken.animations.play('walk');
28.     }
29.     else if(cursors.down.isDown) {
30.        chicken.y += 5;
31.        chicken.animations.play('walk');
32.     }
33.     else if(cursors.up.isDown) {
34.        chicken.y -= 5;
35.        chicken.animations.play('walk');
36.     }
37.     else{
38.        chicken.frame=0;
39.     }
40. }
```

A linha 16 implementa o objeto cursors. No método update, implementamos os testes das teclas pressionadas. Se foram pressionadas as setas left e right – esquerda e direita –, executamos o mesmo código do exercício anterior. Para as setas up e down – para cima e para baixo –, incrementamos a variável y do sprite e executamos a animação.

6.2 Input pelo mouse

Phaser implementa diferentes modos para interagir com o mouse. Nesta seção, veremos a mais interessante para interagir com os sprites, que funciona também com o dedo nas telas sensíveis ao toque.

Principalmente, precisamos informar que o sprite é "sensível" ao clique com este método:

`sprite.inputEnabled = true;`

Portanto, devemos adicionar ao sprite um evento de clique de mouse:

`sprite.events.onInputDown.add(ação);`

Tal evento especifica uma função "ação" para ser executada no caso de clique.

A função recebe automaticamente um parâmetro, que é o sprite que gerou aquela ação, podendo utilizar a mesma função para gerenciar o clique em sprites diferentes.

```
function ação(sprite){ }
```

A interação com o mouse fica mais interessante com a utilização da propriedade useHandCursor, que permite que o ponteiro do mouse se torne uma mão quando passa sobre – evento hover ou over – o sprite.

```
sprite.input.useHandCursor = true;
```

O clique e o ponteiro em forma de mão são ativados em toda a área do sprite, sem levar em consideração as áreas de transparência (Figura 6.2). Outras duas propriedades são utilizadas para estabelecer se a parte transparente deve ativar os eventos hover ou click. Precisa-se ter cuidado no uso dessas propriedades, visto que comportam alto desgaste para o sistema.

```
sprite.input.pixelPerfectOver = true;
sprite.input.pixelPerfectClick = true;
```

Figura 6.2 Zonas de transparência do sprite.

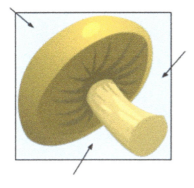

Exemplo 6.3

Figura 6.3 Utilização do mouse como entrada de dados.

```
1.   var game=new Phaser.Game(500, 340, Phaser.CANVAS, 'Example',
         {preload: preload, create: create, update: update});
2.
3.   function preload(){
4.       // carregamento assets
5.       game.load.image('cogumelo', 'assets/images/cogumelo.png');
6.   }
7.   function create(){
8.       cogumelo1 = game.add.sprite(game.world.centerX-100,
                                     game.world.centerY, 'cogumelo');
9.       cogumelo1.anchor.setTo(0.5);
10.      cogumelo1.incremento = .1;
11.
12.      cogumelo1.inputEnabled = true;
13.      cogumelo1.input.useHandCursor = true;
14.      cogumelo1.events.onInputDown.add(toco);
15.
16.      cogumelo2 = game.add.sprite(game.world.centerX+100,
                                     game.world.centerY, 'cogumelo');
17.      cogumelo2.anchor.setTo(0.5);
18.      cogumelo2.incremento = -.1;
19.
20.      cogumelo2.inputEnabled = true;
21.      cogumelo2.input.useHandCursor = true;
22.      cogumelo2.events.onInputDown.add(toco);
23.      cogumelo2.input.pixelPerfectOver = true;
24.      cogumelo2.input.pixelPerfectClick = true;
25.  }
26.  function update(){
27.      cogumelo1.angle += cogumelo1.incremento;
28.      cogumelo2.angle += cogumelo2.incremento;
29.  }
30.  function toco(sprite){
31.      sprite.incremento = -sprite.incremento;
32.  }
```

No preload, carregamos uma imagem de um cogumelo. No create, instanciamos dois sprites com a mesma imagem do cogumelo. Digna de nota é a linha 10, na qual criamos uma nova propriedade para o sprite, chamada incremento. JavaScript permite a criação de novas propriedades em objetos já existentes, para poder adicionar valores que queremos que sejam memorizados. O primeiro cogumelo tem incremento .1 (que é 0.1); e o segundo, –.1. Este incremento será usado no método update (linhas 26-29), no qual adicionamos ao ângulo de cada cogumelo o próprio incremento, resultando no primeiro girando no sentido horário; e o segundo, no sentido anti-horário. A diferença entre os dois cogumelos está nas linhas 23 e 24, nas quais utilizamos as propriedades `pixelPerfect` para que as áreas transparentes não sejam detectadas. No clique do mouse (linhas 14, 22) é chamada a função toco, que inverte o incremento do sprite clicado, com o efeito de inverter a rotação do sprite.

6.3 Botões

Um botão é um elemento gráfico formado por uma imagem que é automaticamente sensível à passagem do mouse – hover –, ao toque com dedos – tap – e ao clique do mouse – click.

Para criar um botão, precisamos voltar ao princípio de uma imagem composta de elementos gráficos diferentes – spritesheet –, a qual podemos elaborar usando uns dos programas indicados no Capítulo 1 – Pixeler ou Piskel Editor.

Um elemento representará o botão na posição standard; outro, a posição hover; e um terceiro, no qual o botão é clicado – tal como na Figura 6.4. A imagem pode apresentar um texto padrão ou representar só um botão padrão para ser usado como modelo junto a um objeto de tipo texto associado.

Figura 6.4 Spritesheet do botão. Da esquerda para a direita: standard, hover e click.

A imagem será carregada no preload como um spritesheet, e no create será instanciado o botão com o seguinte método:

```
button = game.add.button(x, y, 'nomeSpritesheet', ação, contexto,
   hover, out, click);
```

em que x e y são as coordenadas da posição do botão; ação é uma função que será chamada, no caso de click; contexto é o lugar onde achar essa função; hover, out e click são, em ordem, os índices da imagem que queremos usar no case de passagens de mouse sobre o botão, mouse fora do botão e clique.

Exemplo 6.4

```
1. game.load.spritesheet('button', 'assets/images/button.png', 100, 46);
2. button = game.add.button(150, 150, 'button', ação, this, 1, 0, 2);
```

No próximo programa, veremos um exemplo mais complexo de uso de botões e texto, em conjunto com a chamada de uma função de ação quando clicar no botão.

Figura 6.5 Botão que passa do estado On ao Off, mudando a cor da tela.

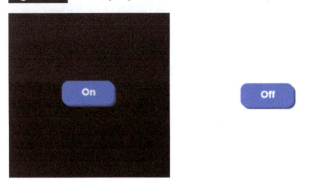

```
1.   var game=new Phaser.Game(300, 300, Phaser.CANVAS, 'game',
     {preload: preload, create: create, update: update});
2.
3.   function preload(){
4.       game.load.spritesheet('button', 'assets/images/button.png',
                                                         100, 46);
5.   }
6.   function create(){
7.       var estilo = { font: "bold 18px Arial", fill: "#fff"};
8.
9.       var button = game.add.button(150, 150, 'button', action,
                                      this, 1,0,2);
10.      button.anchor.setTo(.5);
11.
12.      this.onText = game.add.text(button.x, button.y, "On",
                                      estilo);
13.      this.onText.anchor.setTo(.5);
14.  }
15.  function update(){}
16.  function action(){
17.      if(this.onText.text == 'On'){
18.          game.stage.backgroundColor = '#fff';
19.          this.onText.text = 'Off';
20.      }
21.      else{
22.          game.stage.backgroundColor = '#000';
23.          this.onText.text = 'On';
24.      }
25.  }
```

Na linha 9, criamos o botão indicando a função a ser executada no clique e os índices de posição dos elementos gráficos. Na linha 12, colocamos um texto sobre o botão. A parte restante do programa é composta da função action (linhas 16-25), que verifica o texto do botão, e, se for On, muda para Off e coloca o fundo da tela em branco; caso contrário, muda o texto para On e coloca o fundo da tela em preto.

Considerações finais

Abordamos os seguintes temas: quais são os principais métodos de input nos jogos com Phaser; como interagir com um jogo usando o teclado; como interagir com um jogo usando o mouse; gerir a interação com as partes transparentes dos sprites; como criar um botão.

Vamos praticar?

1. Todo jogo precisa de um elemento de input? Explique a sua resposta.

2. Consegue imaginar outros tipos de input de jogo? Se sim, diga quais.

3. No seguinte trecho de código é analisado qual tecla está pressionada para movimentar um sprite:

    ```
    if(cursors.right.isDown){…}
    else if(cursors.left.isDown){…}
    else if(cursors.down.isDown) {…}
    else if(cursors.up.isDown) {…}
    ```

    Considerando que a movimentação permitida é apenas no sentido vertical e horizontal, quais modificações teriam que ser feitas para permitir a movimentação em diagonal?

4. Por que usamos um spritesheet para a gráfica de um botão? Isso poderia ser feito com apenas uma imagem?

Desafios

5. Considerando que o Phaser fornece métodos para implementar o drag and drop para arrastar e soltar os sprites em pontos específicos, procure como implementar esta funcionalidade e registre aqui o seu progresso.

6. Pesquise e responda como o Phaser implementa o evento tap – toque na tela – e doupletap – dois toques – nos jogos.

Capítulo 7

Música e Efeitos Sonoros

Considerações iniciais

Outro elemento fundamental em um game é o áudio. Música e efeitos sonoros enriquecem as experiências de jogo e, muitas vezes, são um verdadeiro e próprio complemento às dinâmicas do game. Assim, este capítulo mostrará como incluí-los em nossos jogos.

7.1 Uso de música e efeitos sonoros

Uma música, geralmente, é uma composição mais longa, para acompanhar o jogo como coluna sonora de fundo, executada ciclicamente. O efeito sonoro é um som ativado apenas em determinados momentos, dependendo das ações do jogador e de outros elementos do jogo, como um pulo ou uma colisão – encontro entre dois elementos de jogo. O Phaser utiliza objetos de classe Audio para ambos.

7.1.1 Tipos de arquivos de áudio

Um sistema web – e os jogos feitos com Phaser usam tecnologias web – tem a característica de ser multiplataforma, ou seja, de rodar em sistemas que têm navegadores diferentes, recursos distintos e sistemas operacionais próprios.

O áudio é um recurso que pode comprometer a compatibilidade, visto que algum sistema prefere um tipo de arquivo a outro. Por isso, o Phaser aceita diferentes tipos de arquivo sonoro e os escolhe automaticamente – dependendo do sistema – qual utilizar: geralmente, arquivos mp3 são usados em sistemas Windows e arquivos ogg para sistemas Mac (Figura 7.1).

Figura 7.1 Tipos de formato que Phaser utiliza (os ícones podem ser diferentes dependendo do sistema operacional e aplicativos instalados).

Se tivermos uma única versão do arquivo áudio à disposição, podemos convertê-lo em outro formato – e também para fazer outras modificações – utilizando o programa Audacity – indicado no Capítulo 1. É suficiente carregar o arquivo arrastando-o na janela do aplicativo (Figura 7.2) e, como consequência, escolher Exportar – no menu Arquivo – no formato Ogg Vorbis.

Figura 7.2 Audacity com o áudio carregado.

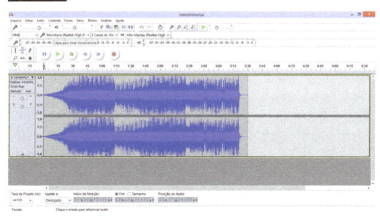

7.1.2 Carregar um áudio

Da mesma forma que fazemos com uma imagem, um áudio é carregado no método preload usando o seguinte recurso:

```
game.load.audio('nomeInterno', ['arquivo.mp3', 'arquivo.ogg']);
```

Exemplo 7.1

```
game.load.audio('jump', [ 'assets/audio/jump.mp3',
                          'assets/audio/jump.ogg']);
```

No método create, utilizamos:

```
audio = game.add.audio('nomeInterno');
```

para criar o objeto que gerencia o áudio.

7.1.3 Reproduzir um áudio

Para reproduzir o som, usamos:

```
audio.play()
```

No caso de música que acompanha todo o jogo, o **play** pode ser executado no início do jogo, no método create. No caso de efeito sonoro, o seu play deve ficar no método update – que roda infinitamente durante o jogo – e ser ativado apenas durante a condição que ativa a sua reprodução – colisão, clique em um botão, e assim por diante.

A classe audio tem outros métodos para colocar a música em pausa, recuperar da pausa e reiniciar:

```
audio.pause();
audio.resume();
audio.restart();
```

Outras propriedades gerenciam volume e estado de execução da música:

```
audio.mute = true/false;
audio.volume = v;
audio.isPlaying
```

O volume pode ser um valor entre 0 (mute) e 1 (volume máximo), e `isPlaying` é um valor booleano que indica se a música está tocando.

Exemplo 7.2

```
1.   var game=new Phaser.Game(300, 300, Phaser.CANVAS, 'game',
     {preload: preload, create: create, update: update});
2.
```

```
3.   function preload(){
4.       game.load.audio('music', [
                'assets/audio/music/DeusExTempus.mp3',
                'assets/audio/music/DeusExTempus.ogg' ]);
5.   }
6.   function create(){
7.       music = game.add.audio('music');
8.       music.volume = .20;
9.       music.play();
10.  }
```

Breve pedaço de código que mostra como carregar uma música (linha 4), como criar um objeto áudio (linha 7) e como executar a música no início do programa (linha 9).

7.2 Efeitos de fading e eventos

Existem dois métodos para efetuar o fading no início e no final do áudio:

`audio.fadeIn(ms);`

`audio.fadeOut(ms);`

O parâmetro passado é tempo em milissegundos.

O objeto áudio implementa também eventos que podem executar ações nos seguintes casos:

`audio.onPlay.add(ação, contexto);`

`audio.onPause.add(ação, contexto);`

`audio.onResume.add(ação, contexto);`

`audio.onStop.add(ação, contexto);`

O evento onPlay é chamado quando um áudio é executado, onPause quando é colocado em pausa, onResume quando é recuperado da pausa e onStop quando é parado.

Exemplo 7.3

```
1. musica.onPause.add(function(){
2.     console.log('A execução da música foi suspensa!');
3. });
```

Uma música, normalmente, é um arquivo bem pesado. Por isso, quando não é mais utilizada, é bom removê-la da cache do jogo:

`audio.cache.removeSound('nomeInterno');`

7.3 Modelo jukebox

O seguinte modelo cria três botões, dois para executar efeitos sonoros e um para colocar em pausa e recuperar uma música.

Figura 7.3 Tela do aplicativo com botões para gerenciar efeitos sonoros e música.

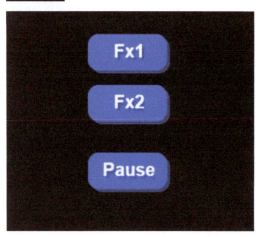

```
1.   var game=new Phaser.Game(300, 300, Phaser.CANVAS, 'game',
         {preload: preload, create: create, update: update});
2.
3.   function preload(){
4.       game.load.spritesheet('button','assets/images/button.png',
                      100, 46);
5.       game.load.audio('music', [
                      'assets/audio/music/DeusExTempus.mp3',
                      'assets/audio/music/DeusExTempus.ogg' ]);
6.       game.load.audio('jump', [ 'assets/audio/fx/jump.mp3',
                      'assets/audio/fx/jump.ogg' ]);
7.       game.load.audio('dead', [ 'assets/audio/fx/dead.mp3',
                      'assets/fx/dead.ogg' ]);
8.   }
9.   function create(){
10.      music = game.add.audio('music');
11.      jump = game.add.audio('jump');
12.      dead = game.add.audio('dead');
13.
14.      makeButton('Fx1', 150, 60);
15.      makeButton('Fx2', 150, 120);
```

```
16.     makeButton('Music', 150, 200);
17.
18.     music.volume = .20;
19.     jump.volume = .10;
20.     dead.volume = .10;
21.     music.play();
22. }
23. function update(){}
24. function makeButton(nome,x,y){
25.     var style = { font: "bold 22px Arial", fill: "#fff"};
26.     var button = game.add.button(x, y, 'button', action, this,
                                    1, 0, 2);
27.     button.anchor.setTo(.5);
28.     button.name = nome;
29.
30.     button.texto=game.add.text(0, 0, nome, style);
31.     button.texto.anchor.setTo(.5);
32.     button.texto.setShadow(3, 3, 'rgba(0,0,0,0.5)', 2);
33.     button.texto.x = button.x;
34.     button.texto.y = button.y;
35. }
36. function action(button){
37.     if(button.name === 'Music'){
38.         if(music.isPlaying){
39.             music.pause();
40.             button.texto.text = 'Resume';
41.         }
42.         else{
43.             button.texto.text = 'Pause';
44.             music.resume();
45.         }
46.     }
47.     if(button.name === 'Fx1')
48.         jump.play();
49.     if (button.name === 'Fx2')
50.         dead.play();
51. }
```

Nas linhas 5 a 7, carregamos os arquivos de áudio que usaremos no programa. No percurso indicado, podemos ver que foram separados em duas pastas dentro da pasta audio, music e fx – efeitos sonoros. Podemos organizar os nossos arquivos da forma que acharmos melhor, tornando-se suficiente lembrar de indicar o percurso certo nesse contexto.

No create, elaboramos os objetos audio (linhas 10-12), estabelecemos os volumes (linhas 18-21) e executamos a música (linha 22). Criamos também três botões de forma automatizada (linhas 14-16), visto que utilizamos uma função para essa tarefa. A função recebe o nome do botão e as coordenadas onde colocá-lo (linhas 24-35). É criado um botão em cada chamada da função, junto com o texto que deve ser visualizado. Na linha 26, é também estabelecida a função para ser chamada na pressão do botão, a qual (linhas 36-51), como já visto no Capítulo 6, recebe a informação de qual é o botão que foi pressionado e, por isso, consegue gerenciar a pausa ou recuperação da música (linhas 37-46) e a execução dos efeitos sonoros (linhas 47-50).

Considerações finais

Neste capítulo, abordamos os seguintes temas: a diferença entre música e efeito sonoro; distintos tipos de áudio que o Phaser utiliza; converter um áudio de um formato a outro; carregar e reproduzir um áudio; eventos que podem ser gerados.

Vamos praticar?

1. Considerando que música e efeito sonoro não são a mesma coisa, faça uma distinção sobre o uso e as características desses dois elementos.
2. Por que carregamos diferentes tipos de arquivos de áudio?
3. Como é possível verificar se um áudio é tocado, se está em reprodução?
4. Em qual modo é possível interagir quando um áudio é interrompido?

Desafios

5. Considerando que existe a possibilidade de ter um arquivo de áudio único com diferentes efeitos sonoros e indicar ao Phaser para executar apenas um intervalo daquele áudio, pesquise audiosprite e registre, com as suas palavras, a aplicação deste recurso.
6. Considerando que os arquivos mp3 levam tempo para se tornarem decodificados, demorando, então, para serem executados, existe um método que notifica quando os dados passados como parâmetros estão prontos para uso. Pesquise, então, sobre o funcionamento do método `game.sound.setDecodedCallback` e crie um programa que o implemente.

Capítulo 8
Física

Considerações iniciais

A física em um jogo é implementada para poder controlar como os sprites interagem uns com os outros, definindo velocidade, massa e gravidade. Assim, neste capítulo, veremos como o Phaser implementa a física.

8.1 Tipos de física

Phaser implementa três tipos diferentes de sistemas de física: arcade, ninja e P2, cada um com um nível de complexidade diferente. O sistema de física **arcade**, o mais simples, mas menos preciso, implementa um método de colisão conhecido como *Axis Aligned Bounding Box* (AABB): as colisões são detectadas quando as áreas retangulares ao redor dos sprites se tocam.

Em casos mais complexos, em que é requerida mais precisão, pode ser usado o sistema de física **ninja**, que suporta o método AABB e também uma forma de colisão por zonas redondas – circle collision – e também é possível definir ladrilhos – tiles, conforme o Capítulo 10 – inclinados, convexos e côncavos.

Já o sistema de física **P2** permite definição muito precisa das áreas de colisão, usando polígonos complexos. Observe a Figura 8.1 para comparação.

Figura 8.1 Comparação dos métodos de detectar as colisões: AABB, circle collision e poligonal collision.

Quanto mais complexa é a física aplicada aos elementos, maiores são os recursos que o jogo pede ao sistema. É possível combinar diferentes sistemas de física, mas um elemento pode pertencer apenas a um sistema por vez.

Neste livro, usaremos a física arcade, mais simples, porém com resultados satisfatórios em muitos casos e também a mais adequada para criar jogos para dispositivos móveis.

8.2 A física arcade

Para utilizar a física arcade no jogo como primeiro passo, deve ser inicializado o motor físico com o seguinte método, passando o tipo de física utilizado:

```
game.physics.startSystem(Phaser.Physics.ARCADE);
```

E, depois, especificar em quais elementos desejamos aplicar a física:

```
game.physics.enable(sprite);
game.physics.enable([sprite1, sprite2, …]);
```

Com isso, um sprite adquire um "**corpo**" – **body** – e, por consequência, toda uma série de propriedades (Tabela 8.1).

Tabela 8.1 • Algumas das propriedades adquiridas com a aplicação da física

Propriedade	Significado
velocity	Velocidade do sprite
collideWorldBound	Colisão com a borda do jogo
bounce	O fator de retorno depois de tocar um elemento
gravity	Valor de gravidade em pixels
immovable	Se o sprite responde às leis da Física o objeto fica imóvel
touching	Se o sprite está tocando outra superfície
checkCollision	Se o sprite deve perceber uma colisão
mass	A massa de um sprite

Fonte: autores.

Por exemplo, depois de habilitar a física em um sprite, poderíamos escrever:

```
sprite.body.velocity.x = 600;
```

para estabelecer a velocidade x do sprite de 600 pixels.

Nos próximos parágrafos, veremos uma por uma das propriedades mostradas na Tabela 8.1.

8.2.1 Bordas da tela

Imaginamos animar uma bola na tela de modo que, tocando uma parede, retorne com a mesma velocidade, continuando o seu percurso.

Precisaremos, então, assinar uma velocidade de movimento e indicar que a bola é sensível às bordas da tela.

Para assinar uma velocidade, temos as seguintes possibilidades:

```
sprite.body.velocity.setTo(vx,vy);

sprite.body.velocity.x = vx;

sprite.body.velocity.y = vy;

game.physics.arcade.velocityFromAngle(grau, velocidade, propriedade);
```

Nos primeiros casos, utilizamos a velocidade linear, indicando um valor de velocidade em x e outro valor em y. Se precisarmos utilizar velocidade angular, podemos recorrer ao método `velocityFromAngle` indicando o grau do ângulo, a velocidade e a propriedade que devemos assinar à velocidade calculada.

Exemplo 8.1

```
1. bola.body.velocity.setTo(200, 100);
2. bola.body.velocity.setTo(200);
3. game.physics.arcade.velocityFromAngle(30, 200, bola.body.velocity);
```

Para indicar que a bola deve "sentir" as bordas da tela, estabelecemos esta propriedade com o valor true:

```
sprite.body.collideWorldBounds = true;
```

Uma vez que a bola toca a parede, precisa ser decidida a força que daremos ao retorno – bounce:

```
sprite.body.bounce.setTo(bx,by);
```

Indicando o valor 1, a velocidade de retorno será a mesma, enquanto que valores menores resultarão em um ralentamento – e maiores em um aceleramento.

Muitos eventos de jogo são automaticamente sinalizados pelo Phaser para poder responder ao evento chamando uma função – gestor de evento. Por exemplo, vimos anteriormente o evento onInputDown, que é gerado quando o usuário clica com o mouse em um sprite. Há eventos que o Phaser não sinaliza automaticamente, a fim de garantir economia de risorse sobre aqueles eventos que poderiam gerar um número muito alto de chamadas – um dos quais é o evento de colisão de um elemento com as bordas da tela onWorldBounds. Para ativá-lo, devemos utilizar a seguinte linha de código:

```
sprite.body.onWorldBounds = new Phaser.Signal();
```

indicando que o Phaser agora mandará sinais quando o sprite tocar as bordas da tela de jogo. Apenas nesse ponto podemos ativar um listener de evento, indicando a ação – função – a ser executada no caso de colisão:

```
sprite.body.onWorldBounds.add(retorno);
```

Quando o sprite toca as bordas, será lançado o evento onWorldBounds e será ativada a função retorno – esta que receberá automaticamente cinco parâmetros:

```
function retorno(sprite, up, down, left, right){...}
```

Esses parâmetros são o sprite que tocou a borda e quatro valores booleanos que indicam o lado da borda que foi tocado.

Exemplo 8.2

Figura 8.2 A bola toca a parede e retorna.

```
1.   var game=new Phaser.Game(635, 545, Phaser.CANVAS, 'Example',
         {preload: preload, create: create, update: update});
2.
3.   function preload(){
4.       game.load.image('phaser', 'assets/images/phaser.png');
5.       game.load.image('bola', 'assets/images/ball.png');
6.
7.       game.load.audio('bounce', ['assets/audio/bounce.m4a',
                       'assets/audio/bounce.ogg']);
8.   }
9.    function create(){
10.      // tela cheia centralizada
11.      game.scale.scaleMode = Phaser.ScaleManager.SHOW_ALL;
12.      game.scale.pageAlignHorizontally = true;
13.      game.scale.pageAlignVertically = true;
14.
15.      bg = game.add.sprite(0,0,'phaser');
16.      bg.alpha = .5;
17.      bola = game.add.sprite(100, 100, 'bola');
18.
19.      bounce = game.add.audio('bounce');
20.
21.      game.physics.startSystem(Phaser.Physics.ARCADE);
22.      game.physics.enable(bola);
23.
24.      game.physics.arcade.velocityFromAngle(
                 game.rnd.angle(), 300, bola.body.velocity);
25.
26.      bola.body.collideWorldBounds = true;
27.      bola.body.bounce.setTo(1);
28.
29.      bola.body.onWorldBounds = new Phaser.Signal();
30.      bola.body.onWorldBounds.add(retorno);
31.  }
32.  function update(){}
33.  function retorno(sprite, up, down, left, right){
34.      if(up)
```

```
35.         console.log('bounce UP');
36.     if(down)
37.         console.log('bounce DOWN');
38.     if(left)
39.         console.log('bounce LEFT');
40.     if(right)
41.         console.log('bounce RIGHT');
42.
43.     bounce.play();
44. }
```

Neste exemplo, carregaremos uma imagem de fundo, um sprite – uma bola – e um efeito sonoro (linhas 4-7). Na linha 21, inicializaremos o motor de física arcade e, na linha 22, especificaremos que aplicaremos a física à bola. Na linha 24, calcularemos a velocidade angular da bola mediante uma velocidade e um ângulo aleatório. As linhas 26 e 27, estabelecerão a colisão com a borda e o valor de retorno. Nas linhas 29 e 30, ativaremos a sinalização do evento de toco na borda e estabeleceremos a função a ser chamada quando isso acontecer. Tal função é especificada nas linhas 33 a 44, nas quais verificaremos qual é a borda a ser tocada e mandaremos um texto no canal da console a fim de ativarmos um efeito sonoro.

8.2.2 Gravidade, imobilidade e colisão

Para criar um jogo de plataformas, devemos considerar estes três elementos: sprite do jogador precisa ter gravidade, o sprite do jogador deve colidir com as plataformas, estas que necessitam ficar imóveis. Isso tudo será implementado neste primeiro exemplo.

A gravidade é uma propriedade do corpo do sprite:

```
sprite.body.gravity.setTo(gx, gy);
sprite.body.gravity.x = gx;
sprite.body.gravity.y = gy;
```

Para imitar uma gravidade real de 9,81, o valor deveria estar entre 1200 e 1400:

```
sprite.body.gravity.y = 1400;
```

Para os elementos entrarem em contato e colidirem, usamos o método collide, que verifica o encontro de dois elementos e que reagem dependendo da física aplicada:

```
game.physics.arcade.collide(sprite1, sprite2, callbackColisão,
          callbackVerificação, contexto);
```

O método recebe os dois sprites que precisam ser observados e duas funções de callback: a primeira é uma função executada quando a colisão acontecer; a segunda é uma função que pode fazer ulteriores testes para entender se a colisão aconteceu de verdade. Se essa função retornar true, o Phaser considerará que a colisão aconteceu e executará a função de colisão, tendo em conta a física aplicada aos objetos; se retornar false, não considerará a colisão como ocorrida – é sempre indicado o contexto em que as funções se encontram.

Como visto, o JavaScript permite omitir os elementos que não são precisos.

Exemplo 8.3

```
1.  game.physics.arcade.collide(player, plataforma, action, verificar);
2.  game.physics.arcade.collide(player, plataforma, action);
3.  game.physics.arcade.collide(player, plataforma);
```

A primeira linha implementa uma função de verificação e uma de ação, no mesmo contexto do código atual – mesmo objeto. A linha 2 implementa apenas uma ação, sem considerar indispensável verificar ulteriormente a colisão. A linha 3 não tem ação derivada da colisão, simplesmente efetua a colisão, aplicando a física entre os dois elementos. Um exemplo disso poderia ser a colisão entre o jogador e a plataforma.

Neste caso, o sprite do jogador tem uma gravidade e, entrando em colisão com a plataforma, parte da força de aceleração do sprite influencia a física da plataforma, movendo-a – por isso devemos indicar que a plataforma é inamovível:

```
sprite.body.immovable = true;
```

No Exemplo 8.4, juntaremos todos esses métodos.

Exemplo 8.4

Figura 8.3 Gravidade, colisão e elemento imóvel.

```
1.  var game=new Phaser.Game(500, 340, Phaser.CANVAS, 'game',
       {preload: preload, create: create, update: update});
2.
3.  function preload(){
4.     game.load.image('forest', 'assets/images/forest.png');
```

```
5.      game.load.spritesheet('player',
            'assets/images/chick.png',16, 18);
6.      game.load.image('plataforma',
            'assets/images/wallWoodH.png');
7.  }
8.  function create(){
9.      game.add.image(0, 0, 'forest');
10.     player = game.add.sprite(250, 100, 'player');
11.     player.animations.add('walk', [0,1,2], 10, false);
12.     player.anchor.setTo(0.5);
13.     player.scale.setTo(1.5);
14.
15.     plataforma = game.add.sprite(100, 250, 'plataforma');
16.
17.     // física
18.     game.physics.startSystem(Phaser.Physics.ARCADE);
19.     game.physics.arcade.enable([player, plataforma]);
20.     player.body.gravity.y = 2000;
21.     plataforma.body.immovable = true;
22. }
23. function update(){
24.     game.physics.arcade.collide(player, plataforma);
25. }
```

No método preload, carregamos as três componentes gráficas que utilizaremos: uma imagem de fundo, o spritesheet com a animação do personagem e uma imagem de plataforma. Instanciamos os elementos como de costume, posicionando-os na tela.

As linhas em relevância são as de números 18 a 21, nas quais inicializamos o nosso motor de física e atribuímos física ao jogador e à plataforma. Na linha 20, indicamos a gravidade do jogador e, na linha 21, sinalizamos que a plataforma é imóvel, ou seja, ao contato com o sprite do jogador, não receberá forças físicas que a farão se mover. É importante estabelecer no update (linha 24) a colisão entre player e plataforma, senão um passará sobre o outro sem que se perceba o contato.

8.2.3 Aprender a pular

Aumentamos o exemplo anterior para aprender como implementar movimento e pulo ao sprite do jogador.

Para o movimento instanciamos um objeto cursors. O sprite pode pular somente quando estiver em uma plataforma, ou seja, quando o seu lado baixo estiver apoiado em outro elemento.

Figura 8.4 Lado do sprite que deve tocar a plataforma para poder efetuar o pulo.

Por isso, o Phaser implementa algumas propriedades booleanas para saber em qual lado do sprite acontece cada colisão:

```
sprite.body.touching.up
sprite.body.touching.down
sprite.body.touching.left
sprite.body.touching.right
```

Tais propriedades retornam verdadeiro se acontece uma colisão naquele lado do sprite.

Visto que agora movimentaremos o sprite, pode acontecer deste ficar fora do mundo de jogo – fora da tela: neste caso, devemos resetar a sua posição, a fim de detectar se isso pode ser usado como propriedade booleana:

```
sprite.inWorld
```

Exemplo 8.5

Figura 8.5 A galinha pulando feliz.

```
1.   var game=new Phaser.Game(500, 340, Phaser.CANVAS, 'game',
         {preload: preload, create: create, update: update});
2.
3.   function preload(){
4.      game.load.image('forest', 'assets/images/forest.png');
5.      game.load.spritesheet('player',
                  'assets/images/chick.png',16, 18);
```

```
6.      game.load.image('plataforma',
                    'assets/images/wallWoodH.png');
7.
8.      game.load.audio('jump',['assets/audio/jump.mp3',
                    'assets/audio/jump.ogg']);
9.  }
10. function create(){
11.     game.add.image(0,0,'forest');
12.     player = game.add.sprite(250, 170,'player');
13.     player.animations.add('walk',[0,1,2],10,false);
14.     player.anchor.setTo(0.5);
15.     player.scale.setTo(1.5);
16.
17.     plataforma = game.add.sprite(100, 250, 'plataforma');
18.
19.     // física
20.     game.physics.startSystem(Phaser.Physics.ARCADE);
21.     game.physics.arcade.enable([player, plataforma]);
22.     player.body.gravity.y = 2000;
23.     plataforma.body.immovable = true;
24.
25.     cursors = game.input.keyboard.createCursorKeys();
26.
27.     jump = game.add.audio('jump');
28. }
29. function update(){
30.     game.physics.arcade.collide(player, plataforma);
31.
32.     if(!player.inWorld)
33.         player.position.setTo(250, 100);
34.
35.     if(cursors.left.isDown) {
36.         player.body.velocity.x = -200;
37.         player.scale.x=-1.5;
38.         player.animations.play('walk');
```

```
39.     }
40.     else if(cursors.right.isDown) {
41.         player.body.velocity.x = 200;
42.         player.scale.x=1.5;
43.         player.animations.play('walk');
44.     }
45.     else{
46.         player.body.velocity.x = 0;
47.         player.frame=0;
48.     }
49.
50.     if(cursors.up.isDown && player.body.touching.down){
51.         player.body.velocity.y = -600;
52.         jump.play();
53.     }
54.     if(!player.body.touching.down)
55.         player.frame = 3;
56. }
```

As partes adicionadas são evidenciadas em negrito. No preload, aumentamos o carregamento do efeito sonoro relativo ao pulo (linha 8). No create, instanciamos o objeto cursors (linha 25) e criamos o objeto de classe audio (linha 27). As linhas 32 e 33 verificam se o sprite está dentro da tela – caso contrário, é posicionado no centro da tela. As linhas 35 a 48 implementam o movimento horizontal do sprite – usando, desta vez, a velocidade – e a linha 50 verifica a condição em que a tecla seta para cima seja pressionada, em conjunto com a verificação de que a parte baixa do sprite esteja apoiada a alguma plataforma: neste caso, é aumentada a velocidade vertical – pulo para cima – e a gravidade se ocupará de retornar o sprite para baixo. Além disso, é tocado o efeito sonoro do pulo. Na linha 54, desfrutamos da mesma propriedade: se o sprite não estiver tocando plataforma alguma, significará que está em pulo, então em uso do quarto frame – aquele com índice 3 – do spritesheet – a galinha com a boca aberta.

8.2.4 Sobreposição e massa de um objeto

Nem sempre queremos que dois sprites colidam, causando resultados na física do jogo. Às vezes, é suficiente saber que um elemento se sobrepõe a outro para executar uma ação, sem envolver a física. Para isso, usamos o método overlap, muito parecido ao collide, estudado anteriormente:

```
game.physics.arcade.overlap(sprite1, sprite2, callbackColisão,
        callbackVerificação, contexto);
```

Os parâmetros são os mesmos do método collide: dois sprites, uma função de callback para executar quando acontece a colisão, outra de callback para verificar a colisão e um eventual objeto de contexto se as funções chamadas estiverem em um contexto diferente.

Pode acontecer de não querermos ativar uma colisão – collide ou overlap, que seja – no caso de encontro com um lado do sprite. Imaginemos que o personagem pule sobre um objeto que não seja uma plataforma (Figura 8.6): se for observada uma colisão entre os dois sprites, poderia ocorrer que o sprite do jogador – a galinha, neste caso –, ao pular, encontrasse-se com a sua parte inferior apoiada no outro objeto – cereja – e, se o jogador ainda estivesse pressionando a tecla seta para cima, resultaria em condições suficientes para efetuar outro pulo.

Figura 8.6 A verificação da colisão entre galinha e cereja poderia levar a uma situação indesejada: poder pular quando não consentido.

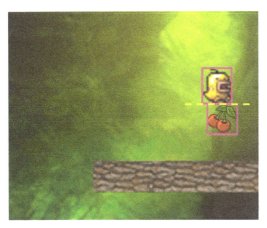

Assim, podemos desabilitar a colisão em um ou mais lados de qualquer sprite com estas propriedades:

```
sprite.body.checkCollision.up = true/false;

sprite.body.checkCollision.down = true/false;

sprite.body.checkCollision.left = true/false;

sprite.body.checkCollision.right = true/false;
```

Desabilitando a colisão com o lado superior da cereja poderemos evitar o acontecimento indesejado.

O que ocorre quando dois corpos se encontram? Depende da velocidade e da massa desses corpos. Cada sprite tem um valor de massa padrão igual a 1, de modo que, aumentando esse valor, o corpo terá mais velocidade quando empurrado; ademais, colocando o valor a zero, o corpo deverá ser empurrado. A propriedade é:

```
sprite.body.mass = valor;
```

Exemplo 8.6

Figura 8.7 Uso de massa em objetos.

```
1.   var game=new Phaser.Game(500, 340, Phaser.CANVAS, 'Example',
        {preload: preload, create: create, update: update});
2.
3.   function preload(){
4.
5.      game.load.image('forest', 'assets/images/forest.png');
6.      game.load.spritesheet('player',
                    'assets/images/chick.png',16, 18);
7.      game.load.spritesheet('frutas',
                    'assets/images/frutas.png', 32, 32);
8.      game.load.image('plataforma', 'assets/images/wallWoodH.png');
9.
10.     game.load.audio('jump', ['assets/audio/jump.mp3',
                    'assets/audio/jump.ogg']);
11.  }
12.  function create(){
13.     game.add.image(0, 0, 'forest');
14.     player = game.add.sprite(250, 170, 'player');
15.     player.animations.add('walk', [0,1,2], 10, false);
16.     player.anchor.setTo(0.5);
17.     player.scale.setTo(1.5);
18.
19.     plataforma = game.add.sprite(100, 250, 'plataforma');
20.
21.     cereja = game.add.sprite(180, 170, 'frutas', 0);
22.     cereja.anchor.setTo(0.5);
23.
```

```
24.     laranja = game.add.sprite(200, 170, 'frutas', 4);
25.     laranja.anchor.setTo(0.5);
26.
27.     game.physics.startSystem(Phaser.Physics.ARCADE);
28.     game.physics.arcade.enable([player, plataforma, cereja,
                                    laranja]);
29.     player.body.gravity.y = 2000;
30.     plataforma.body.immovable = true;
31.
32.     cereja.body.checkCollision.up = false;
33.     laranja.body.checkCollision.up = false;
35.     laranja.body.gravity.y = 2000;
35.     laranja.body.mass = 0;
36.
37.     cursors = game.input.keyboard.createCursorKeys();
38.
39.     jump = game.add.audio('jump');
40. }
41. function update(){
42.     game.physics.arcade.collide(player, plataforma);
43.     game.physics.arcade.collide(laranja, plataforma);
44.     game.physics.arcade.overlap(cereja, player, eat);
45.     game.physics.arcade.collide(laranja, player);
46.
47.     if(!player.inWorld)
48.         player.position.setTo(250, 170);
49.
50.     if(cursors.left.isDown) {
51.         player.body.velocity.x = -200;
52.         player.scale.x = -1.5;
53.         player.animations.play('walk');
54.     }
55.     else if(cursors.right.isDown) {
56.         player.body.velocity.x = 200;
57.             player.scale.x = 1.5;
58.         player.animations.play('walk');
59.     }
```

```
60.      else{
61.          player.body.velocity.x = 0;
62.          player.frame = 0;
63.
64.      }
65.      if(cursors.up.isDown && player.body.touching.down){
66.          player.body.velocity.y = -600;
67.          jump.play();
68.      }
69.      if(!player.body.touching.down)
70.          player.frame = 3;
71.      }
72. function eat(sprite1, sprite2){
73.      sprite1.kill();
74. }
```

Em negrito estão as linhas aumentadas da última versão. Na linha 7, adicionamos o spritesheet da fruta. Nas linhas 21 a 25, adicionamos a cereja e a laranja na tela do jogo. Incluímos esses dois sprites novos na ativação da física na linha 28. Nas linhas 32 a 35, desabilitamos a colisão no lado superior da cereja e da laranja, a fim de evitar que o jogador pudesse pular em cima dessas frutas. A laranja recebeu gravidade e massa. A ideia é que a cereja seja um bônus que o jogador pode pegar; e a laranja, um obstáculo a ser empurrado. No update, ativamos as colisões entre laranja e jogador, laranja e plataforma e, no final, jogador e cereja (linhas 43-45). Vale ressaltar que a interação entre cereja e jogador é feita mediante o método overlap e, no caso de colisão, é invocada uma função denominada eat, que tem o objetivo de eliminar a cereja da tela de jogo.

8.3 Modificar a área de colisão

Geralmente, a área de colisão de um sprite é equivalente à dimensão efetiva deste, de modo que, com o seguinte método, podemos modificar o tamanho de tal área:

```
sprite.body.setSize(largura, altura, offsetX, offsetY);
```

Especificamos a largura e altura que queremos que resulte como área de colisão e o afastamento das bordas.

Exemplo 8.7

Nosso sprite tem tamanho de 16 × 21 pixels. Quando o sprite é inicializado com a física, o seu corpo é o mesmo do próprio tamanho e colide com outros elementos, tal como visto na Figura 8.8 – detalhe à esquerda. Se queremos que apenas a parte das pernas possa ter colisão com os outros elementos, com um efeito parecido àquele da imagem direita da Figura 8.8, devemos reduzir a dimensão da área de colisão.

Figura 8.8 Diferentes áreas de colisão.

Na Figura 8.9, podemos ver que a nossa área real de colisão resulta de 14 × 5 pixels e com um afastamento – offset – de 1 pixel da borda esquerda e 16 pixels do alto – por isso o nosso método setSize terá os seguintes dados:

```
player.body.setSize(14, 5, 1, 16);
```

Figura 8.9 Área do sprite e área de colisão reduzida.

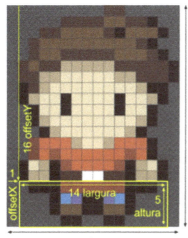

Considerações finais

Abordamos os seguintes temas: tipos de física que o Phaser implementa; como inicializar o motor físico; como lidar com a colisão com a borda da tela do jogo; como implementar a gravidade e imobilidade de um objeto; colisão e sobreposição de objetos; como implementar uma ação de pulo; implementar a massa de um objeto; modificar a área de colisão de um sprite.

Vamos praticar?

1. O que comporta habilitar a física em um sprite?

2. Quais são os tipos de física que o Phaser implementa? Por que existem diferentes tipos? Qual é o melhor?

3. O que é a propriedade body?

4. O que faz o seguinte trecho de código?

   ```
   game.physics.arcade.velocityFromAngle(45,300, bola.body.velocity);
   bola.body.collideWorldBounds = true;
   bola.body.bounce.setTo(1);
   ```

5. Qual é a diferença entre os métodos collide e overlap?

6. Para o sprite pular, são necessárias quais condições?

7. Considerando um sprite chamado player, com dimensão de 20x20 pixels, o que faz o seguinte trecho de código?

   ```
   player.body.setSize(2, 2, 9, 9);
   ```

8. Por que os métodos collide e overlap têm um parâmetro para verificar a colisão? Apresente um caso que possa ser utilizado neste contexto.

Desafios

9. Pesquise como funciona o motor de colisão P2 e crie um conjunto de sprites com área de colisão poligonal.

10. Pesquise e explique a possibilidade de implementar um salto duplo.

Capítulo 9

Grupos

Considerações iniciais

Um jogo, geralmente, usa muitos elementos gráficos: inimigos, plataformas, bônus variados. Neste capítulo, veremos como criar grupos de objetos para facilitar a assinação de propriedades e as colisões.

9.1 Vantagens dos grupos

Quando um jogo começa a utilizar muitos recursos gráficos, lidar com configuração e colisões pode ser complicado e gastar muitas linhas de código. Por isso, podemos agrupar sprites com as mesmas características para o Phaser gerir de forma mais simples o conjunto de elementos.

Utilizaremos o exemplo visto no Capítulo 8, que usa massa e gravidade, a fim de colocarmos um elemento a mais para ver como fica sem utilizar os grupos.

Exemplo 9.1

Figura 9.1 O sprite do jogador e dois sprites com massa e gravidade.

```
1.   var game=new Phaser.Game(500, 340, Phaser.CANVAS, 'Example',
         {preload: preload, create: create, update: update});
2.
3.   function preload(){
4.
5.       game.load.image('forest', 'assets/images/forest.png');
6.       game.load.spritesheet('player', 'assets/images/chick.png',16, 18);
7.       game.load.spritesheet('frutas',
                             'assets/images/frutas.png', 32, 32);
8.       game.load.image('plataforma','assets/images/wallWoodH.png');
9.
10.      game.load.audio('jump', ['assets/audio/jump.mp3',
                            'assets/audio/jump.ogg']);
11.  }
12.  function create(){
13.      game.add.image(0, 0, 'forest');
14.      player = game.add.sprite(110, 170, 'player');
15.      player.animations.add('walk', [0,1,2], 10, false);
16.      player.anchor.setTo(0.5);
```

```
17.     player.scale.setTo(1.5);
18.
19.     plataforma = game.add.sprite(100, 250, 'plataforma');
20.
21.     cereja = game.add.sprite(170, 170, 'frutas', 0);
22.     cereja.anchor.setTo(0.5);
23.
24.     laranja = game.add.sprite(230, 170, 'frutas', 4);
25.     laranja.anchor.setTo(0.5);
26.
27.     game.physics.startSystem(Phaser.Physics.ARCADE);
28.     game.physics.arcade.enable([player, plataforma,
                                    cereja, laranja]);
29.     player.body.gravity.y = 2000;
30.
31.     plataforma.body.immovable = true;
32.
33.     cereja.body.checkCollision.up = false;
34.     cereja.body.gravity.y = 2000;
35.     cereja.body.mass = 0;
36.
37.     laranja.body.checkCollision.up = false;
38.     laranja.body.gravity.y = 2000;
39.     laranja.body.mass = 0;
40.
41.     cursors = game.input.keyboard.createCursorKeys();
42.
43.     jump = game.add.audio('jump');
44. }
45.
46. function update(){
47.     game.physics.arcade.collide(player, plataforma);
48.     game.physics.arcade.collide(laranja, plataforma);
49.     game.physics.arcade.collide(cereja, plataforma);
50.
51.     game.physics.arcade.collide(laranja, player);
52.     game.physics.arcade.collide(cereja, player);
53.     game.physics.arcade.collide(cereja, laranja);
54.
```

```
55.     if(!player.inWorld)
56.         player.position.setTo(250, 170);
57.
58.     if(cursors.left.isDown) {
59.         player.body.velocity.x = -200;
60.         player.scale.x = -1.5;
61.         player.animations.play('walk');
62.     }
63.     else if(cursors.right.isDown) {
64.         player.body.velocity.x = 200;
65.         player.scale.x = 1.5;
66.         player.animations.play('walk');
67.     }
68.     else{
69.         player.body.velocity.x = 0;
70.         player.frame = 0;
71.     }
72.     if(cursors.up.isDown && player.body.touching.down){
73.         player.body.velocity.y = -600;
74.         jump.play();
75.     }
76.     if(!player.body.touching.down)
77.         player.frame = 3;
78. }
```

Nas linhas 21 a 25, criamos dois objetos do spritesheet frutas e estabelecemos a âncora no centro. Nas linhas 33 a 39, inserimos lados de colisão, gravidade e massa dos dois elementos. No update, tivemos que colocar todas as combinações de colisões que precisaremos: com a plataforma – jogador, cereja e laranja –, com o jogador – cereja e laranja – e entre a cereja e laranja.

Note que no código o número de colisões aumenta significativamente quando comparado ao exercício do capítulo anterior.

Com uma fruta e uma plataforma, devemos criar dois elementos, com quatro atributos para a fruta e um para a plataforma; além de observar as colisões entre jogador-fruta, jogador-plataforma e jogador-fruta para um total de três colisões.

Colocando outra fruta no jogo, como neste exemplo, o número de atributos sobe para nove e as colisões passam a ser seis. Cada novo elemento aumenta em alto grau a complexidade do programa. Além disso, podemos aumentar também o número de plataformas (Tabela 9.1).

Usando os grupos, definiremos atributos para todos os elementos do grupo – quatro das frutas e um referente às plataformas – e as colisões ficariam somente em quatro – player-frutas, player-plataformas, frutas-plataformas e frutas-frutas – para qualquer número de frutas e de plataformas usadas.

Tabela 9.1 • Comparação de linhas de código e complexidade do programa

Elementos	1 fruta 1 plataforma	2 frutas 1 plataforma	3 frutas 1 plataforma	3 frutas 2 plataformas
Sprites	2	3	4	5
Atributos	5	9	13	14
Colisões	3	6	10	14

Fonte: elaborado pelos autores.

9.2 Criação e população de grupos

Para criar um grupo, podemos usar o seguinte método:

```
grupo = game.add.group();
```

Para popular um grupo com sprites, podemos usar três métodos diferentes, seja uma versão extensa do game.add.sprite ou o método grupo.create, ou, uma vez que temos o sprite, o recurso grupo.add:

```
game.add.sprite(x, y, 'nomeInterno', índice, grupo);

grupo.create(x, y, 'nomeInterno', índice);

gruppo.add(sprite);
```

O primeiro método, já visto muitas vezes, posiciona a imagem chamada nomeInterno na coordenada x,y. Se a imagem é um spritesheet, o índice indica qual é o elemento gráfico. O quinto parâmetro, grupo, é o nome do grupo em que desejamos colocar o sprite.

O segundo método é um recurso do grupo que cria, dentro do grupo, o sprite com nomeInterno, índice se for spritesheet e já atribui as coordenadas x e y.

No terceiro método, adicionamos ao grupo um objeto sprite já existente.

Exemplo 9.2

```
1. frutas = game.add.group();
2.
3. frutas.create(290, 150, 'frutas', 9);
4.
5. game.add.sprite(290, 150, 'frutas', 9, frutas);
6.
7. morango = game.add.sprite(290, 150, 'frutas', 9);
8. frutas.add(morango);
```

As linhas 3, 5, 7 e 8 são equivalentes.

Para assinar valores aos elementos de um grupo, Phaser disponibiliza o método **setAll**:

```
grupo.setAll('propriedade', valor);
```

Exemplo 9.3

```
1. frutas.setAll('anchor.x', .5);
2. frutas.setAll('anchor.y', .5);
3. ...
4. frutas.setAll('body.checkCollision.up', false);
5. frutas.setAll('body.gravity.y', 2000);
6. frutas.setAll('body.mass', 0);
```

Para estabelecer um observador de colisão, usamos os mesmos métodos collide ou overlap, podendo aceitar estes sprites ou grupos, como no seguinte exemplo:

```
1. game.physics.arcade.collide(player, frutas);
2. game.physics.arcade.collide(plataformas, frutas);
3. game.physics.arcade.collide(frutas);
```

Na primeira linha, estabelecemos colisões entre um sprite e um grupo; na segunda, entre dois grupos; e na terceira, entre elementos do mesmo grupo.

Reformularemos o exemplo anterior para que possamos usar os grupos.

Figura 9.2 Exemplo mais complexo com três frutas e duas plataformas.

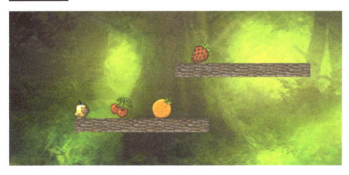

```
1.   var game=new Phaser.Game(800,400, Phaser.CANVAS, 'Example',
        {preload: preload, create: create, update: update});
2.
3.   function preload(){
4.      game.load.image('forest', 'assets/images/forest.png');
5.      game.load.spritesheet('frutas',
                        'assets/images/frutas.png', 32, 32);
6.      game.load.spritesheet('player','assets/images/chick.png',16, 18);
7.      game.load.image('button','assets/images/button.png');
```

```
8.         game.load.image('plataforma', 'assets/images/wallWoodH.png');
9.
10.        game.load.audio('jump', ['assets/audio/jump.mp3',
                          'assets/audio/jump.ogg']);
11. }
12. function create(){
13.        game.add.image(0,0,'forest');
14.        player = game.add.sprite(110, 150, 'player');
15.        player.anchor.setTo(.5);
16.        player.scale.setTo(1.5);
17.        player.animations.add('walk', [0, 1, 2], 10, false);
18.
19.        plataformas = game.add.group();
20.        plataformas.create(100, 250, 'plataforma');
21.        plataformas.create(250, 170, 'plataforma');
22.
23.        frutas = game.add.group();
24.        frutas.create(170, 150, 'frutas', 0);
25.        frutas.create(230, 150, 'frutas', 4);
26.        frutas.create(290, 150, 'frutas', 9);
27.
28.        frutas.setAll('anchor.x', .5);
29.        frutas.setAll('anchor.y', .5);
30.
31.        game.physics.startSystem(Phaser.Physics.ARCADE);
32.        game.physics.arcade.enable([player, plataformas, frutas]);
33.
34.        player.body.gravity.y = 2000;
35.
36.        plataformas.setAll('body.immovable', true);
37.
38.        frutas.setAll('body.checkCollision.up', false);
39.        frutas.setAll('body.gravity.y', 2000);
40.        frutas.setAll('body.mass', 0);
41.
42.        cursors = game.input.keyboard.createCursorKeys();
```

```
43.
44.     jump = game.add.audio('jump');
45. }
46. function update(){
47.     game.physics.arcade.collide(player, frutas);
48.     game.physics.arcade.collide(frutas);
49.
50.     game.physics.arcade.collide(player, plataformas);
51.     game.physics.arcade.collide(frutas, plataformas);
52.
53.     if(!player.inWorld)
54.         player.position.setTo(250, 170);
55.
56.     if(cursors.left.isDown) {
57.             player.body.velocity.x = -200;
58.         player.scale.x = -1.5;
59.         player.animations.play('walk');
60.     }
61.     else if(cursors.right.isDown) {
62.         player.body.velocity.x = 200;
63.         player.scale.x = 1.5;
64.         player.animations.play('walk');
65.     }
66.     else{
67.         player.body.velocity.x = 0;
68.         player.frame = 0;
69.     }
70.
71.     if(cursors.up.isDown && player.body.touching.down){
72.         player.body.velocity.y = -600;
73.         jump.play();
74.     }
75.
76.     if(!player.body.touching.down)
77.         player.frame = 3;
78. }
```

As partes em negrito são aquelas modificadas. Nas linhas 19 a 26, criamos os grupos e os populamos. Nas linhas 28 e 29 e 36 a 40, estabelecemos algumas propriedades dos elementos do grupo e, enfim, nas linhas 47 a 51, definimos as colisões entre os elementos/grupos. Este exemplo inclui uma fruta a mais e uma plataforma a mais se comparado ao modelo anterior, mas agora usando os grupos, de modo que o tamanho do código permanece o mesmo.

9.3 Pool de sprites

Phaser permite popular um grupo com um número definido de elementos de uma única vez, mediante o seguinte método:

```
grupo.createMultiple(quantidade, 'nomeSprite', frame, existe);
```

O parâmetro **existe** indica se o sprite está já visível na tela e, normalmente, é indicado como "false". Este método é geralmente usado para a criação rápida de um **pool** – conjunto – de sprites, como balas ou inimigos.

Exemplo 9.4

```
1. inimigos.createMultiple(10, 'inimigo');
2. inimigos.createMultiple(10, ['inimigo1', 'inimigo2']);
3. frutas.createMultiple(10, 'frutas', 8);
4. frutas.createMultiple(10, 'frutas', [0, 8]);
5. frutas.createMultiple(10, 'frutas', 0, true);
```

Na linha 1, são criados dez inimigos no grupo. Na linha 2, são criados vinte inimigos, dez de tipo inimigo1 e dez de tipo inimigo2. A linha 3 cria dez frutas usando o frame 8 do spritesheet frutas e, na linha 4, dez frutas usando o frame 0 e dez usando o frame 8. A linha 5 cria dez frutas usando o frame 0 e visibiliza já a fruta na tela – todas na posição 0, 0.

Quando se cria um pool de sprites, geralmente os elementos estão desativados – como se fosse chamado o método kill –, mas disponíveis para chamamento. Quando é preciso instanciar um elemento, utiliza-se o método:

```
grupo.getFirstDead();
```

Este que recupera o primeiro elemento disponível – se houver. É sempre bom verificar se há elementos disponíveis, uma vez que pode acontecer de todos já estarem em uso no jogo. Ademais, para ativar o sprite, usamos o método **reset** já visto.

Exemplo 9.5

```
1.  balas = game.add.group();
2.  balas.createMultiple(10, 'bala');
3.  bala = balas.getFirstDead();
4.  if(bala)
5.     bala.reset(100, 100);
```

No Exemplo 9.5, é criado um grupo de dez balas. Note que na linha 3 tentamos recuperar uma bala do grupo e, em seguida, verificamos se a ação tem sucesso (linha 4). Em caso positivo, devemos resetá-la – reativamos – na posição x = 100 e y = 100.

Para executar uma ação – função – para todos os elementos do grupo, podemos utilizar o seguinte método:

```
grupo.callAll(ação);
```

E para contar o número de elementos ativos em jogo, existe este método:

```
grupo.countLiving();
```

Exemplo 9.6

```
1.   inimigos.countLiving(); // 5
2.   inimigos.callAll(kill);
3.   inimigos.countLiving(); // 0
4.   inimigo = inimigos.getFirstDead();
5.   if(inimigo)
6.      inimigo.reset(100, 100);
```

Na linha 1, vemos que o número de inimigos ativos são 5; contudo, depois de chamar para todo o grupo o método kill, na linha 3 verificamos que não há nenhum inimigo ativo.

Considerações finais

Abordamos os seguintes temas: o que são e quando podem ser utilizados os grupos; como criar um grupo; como adicionar um sprite a um grupo; como definir uma propriedade para todos os elementos do grupo; como funcionam as colisões de grupo com sprites/grupos; como gerenciar um pool de sprites.

Vamos praticar?

1. Quais são as vantagens de usar grupos?

2. Considere e tente interpretar o seguinte trecho de código:

   `game.physics.arcade.collide(inimigos, plataformas);`

   Qual poderia ser a sua funcionalidade?

Desafios

3. Distribua 100 sprites de frutas aleatoriamente na tela, criando um grupo. Assine, então, a gravidade a cada elemento e, quando cada um cair e bater no fundo da tela, deve voltar com um bounce de 1. Os elementos também devem ter colisão entre si.

4. Procure mais informações sobre a propriedade `outOfBoundsKill` de um sprite. Então, crie um pool de 5 elementos que apareçam em uma posição aleatória da tela a um intervalo de 0,5 segundos – para tanto, use `game.time.events.loop`. Tais elementos devem ser dotados de gravidade, de modo que, quando caírem fora da tela, sejam automaticamente eliminados – usando a propriedade indicada anteriormente. Finalmente, experimente tal efeito com diferentes parâmetros – por exemplo, mais elementos, maior e menor gravidade, intervalos distintos etc.

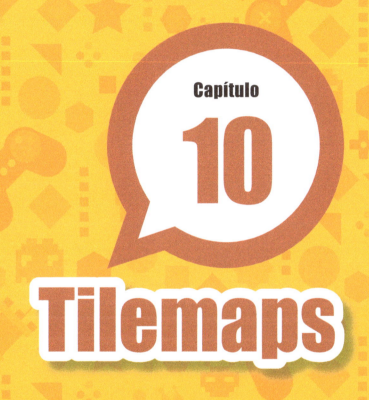

Capítulo 10
Tilemaps

Considerações iniciais

Para economizar memória em um jogo, é frequentemente usada a técnica de tilemap, ou seja, construir o mapa do jogo juntando diferentes ladrilhos um ao lado do outro. Neste capítulo, veremos como criar um tilemap, como carregá-lo em um projeto Phaser e de que modo interagir com ele.

10.1 Tile, tileset, tilemap, tilemaplayer

Tiles – ladrilhos – são pedaços genéricos de cenário colocados pela tela em forma semelhante à construção de tijolos em uma parede. Dessa forma, o cenário é composto por pequenas imagens que podem ser colocadas também uma por cima das outras em diferentes camadas.

Tileset é a imagem composta de todos os tiles que utilizamos para criar este cenário (Figura 10.1).

O **Tilemap** é um arquivo de texto que contém as informações sobre a posição de cada elemento do mapa e a correspondente imagem do Tileset que ocupará aquela posição.

Um tilemap pode ser composto de um ou mais **tilemaplayer**, camadas diferentes de tilemap.

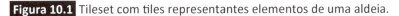

Figura 10.1 Tileset com tiles representantes elementos de uma aldeia.

10.2 Como criar um tilemap

Para criar um tilemap, usaremos o programa Tiled, visto no Capítulo 1. Ao executar o programa, devemos escolher se queremos criar um tilemap ou um tileset. Visto que utilizaremos um tileset já existente – aquele da Figura 10.1 –, escolheremos criar um tilemap.

Figura 10.2 Tela de início do **Tiled**.

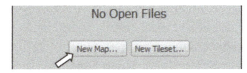

Figura 10.3 Parâmetros do novo mapa.

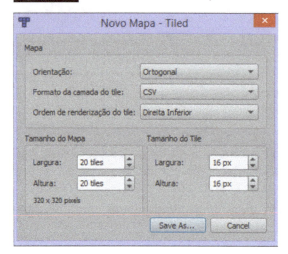

Deixamos padrão todas as configurações do mapa: a orientação ortogonal é usada para jogos top/down e jogos de plataforma. Tamanho do mapa é a quantidade de tiles que serão usados no jogo, sendo a dimensão de cada quadrado do tileset – esse valor varia dependendo do tileset usado.

Para o nosso exemplo, usaremos um mapa de 20 × 20 tiles, enquanto que os tiles serão de 16 × 16 (Figura 10.3).

Salvaremos o tilemap na pasta assets, em uma subpasta mapas, com o nome mapa1.json – **tenha cuidado ao trocar o formato do arquivo para .json.**

Figura 10.4 Parâmetros do novo mapa.

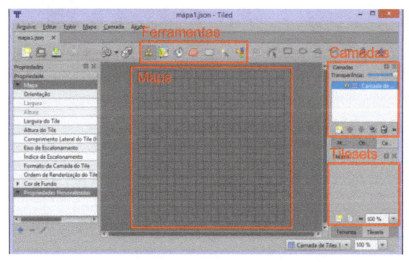

Depois de ter salvo o mapa, podemos ver o ambiente de trabalho do Tiled: um mapa central da dimensão anteriormente selecionada, uma barra de ferramentas, uma janela de camadas e uma janela de tileset.

Adicionaremos, então, a nossa tileset clicando no botão **Novo Tileset**.

Figura 10.5 Parâmetros do novo tileset.

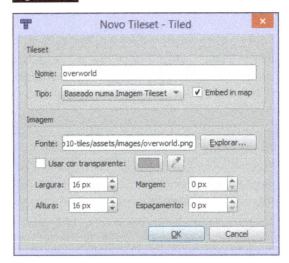

Aparece a janela Novo Tileset (Figura 10.5). Clique no botão Explorar para carregar o tileset que queremos usar. Tiled já coloca o nome do tileset – usando o nome do arquivo – e a largura e altura dos tiles. Podemos especificar uma margem, e o espaçamento é previsto no tileset que utilizaremos. Para simplicidade, podemos ativar a escolha Embed in map, a fim de que o tileset seja já descrito no mapa sem gerar outro arquivo.

Figura 10.6 Tileset overworld carregado.

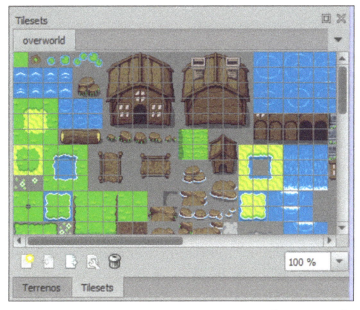

Tileset é carregado e o vemos na janela (Figura 10.6). Podemos, então, selecionar o tile que queremos e colocá-lo na parte central do mapa – Tiled disponibiliza as ferramentas ilustradas na Figura 10.7:

Figura 10.7 Ferramentas de Tiled.

O carimbo, que é a ferramenta pré-definida, permite desenhar o tile escolhido no mapa. O balde permite o preenchimento de zonas fechadas com o tile ativo. A borracha vermelha apaga os elementos posicionados no mapa. O retângulo pontilhado permite a seleção de diferentes elementos em zonas retangulares – use a tecla Delete para modificar ou cancelar. A varinha seleciona tiles do mesmo tipo e próximos entre si. O último botão ativa uma ferramenta que permite a seleção de todos os elementos de um determinado tipo no mapa.

Com essas ferramentas, desenharemos o nosso mapa, dividindo os tiles em diferentes camadas. Nesse caso (Figura 10.8), criaremos uma camada de fundo – background –, uma de meio com o percurso e outros elementos que não queremos que colidam com o nosso personagem; além de uma terceira camada de elementos, na qual ficam todos aqueles que devem ter colisão com o nosso personagem.

Figura 10.8 Criação de três camadas.

Veja, na Figura 10.9, como é composta a primeira camada, colocada como fundo – background. Algum elemento das camadas superiores pode ter transparência e, por isso, é bom que o fundo esteja todo coberto.

Figura 10.9 Primeira camada: background.

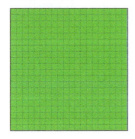

Na Figura 10.10 podemos ver a segunda camada sobreposta à primeira:

Figura 10.10 Segunda camada: percurso.

Já na Figura 10.11, enfim, vemos as três camadas ativas e com todos os elementos:

Figura 10.11 Terceira camada: elementos.

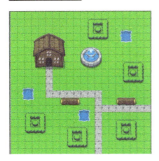

Salvamos e veremos como implementar esse tilemap no Phaser.

10.3 Examinar o tilemap criado

Inicialmente, é útil verificar o formato do tilemap criado, a fim de saber como são armazenadas as informações. Salvamos em .json, uma vez que esse formato grava as informações como se fossem em um objeto JavaScript, ou seja, com chaves e valores.

mapa1.json:

```
{ "height":20,
"layers":[
         {
         "data":[1, 1, 1, 1, 1, 1, 1, 1, 1, 1, 1, 1, 1, 1, 1, 1, 1,
   1, 1, 1, 1, 1, 1, 1, 1, 1, 1, 1, 1, 1, 1, 1, 1, 1, 1, 1, 1, 1, 1,
   1, 1, 1, 1, 1, 1, 1, 1, 1, 1, 1, 1, 1, 1, 1, 1, 1, 1, 1, 1, 1, 1,
   1, 1, 1, 1, 1, 1, 1, 1, 1, 1, 1, 1, 1, 1, 1, 1, 1, 1, 1, 1, 1, 1,
   1, 1, 1, 1, 1, 1, 1, 1, 1, 1, 1, 1, 1, 1, 1, 1, 1, 1, 1, 1, 1, 1,
   1, 1, 1, 1, 1, 1, 1, 1, 1, 1, 1, 1, 1, 1, 1, 1, 1, 1, 1, 1, 1, 1,
   1, 1, 1, 1, 1, 1, 1, 1, 1, 1, 1, 1, 1, 1, 1, 1, 1, 1, 1, 1, 1, 1,
   1, 1, 1, 1, 1, 1, 1, 1, 1, 1, 1, 1, 1, 1, 1, 1, 1, 1, 1, 1, 1, 1,
   1, 1, 1, 1, 1, 1, 1, 1, 1, 1, 1, 1, 1, 1, 1, 1, 1, 1, 1, 1, 1, 1,
   1, 1, 1, 1, 1, 1, 1, 1, 1, 1, 1, 1, 1, 1, 1, 1, 1, 1, 1, 1, 1, 1,
   1, 1, 1, 1, 1, 1, 1, 1, 1, 1, 1, 1, 1, 1, 1, 1, 1, 1, 1, 1, 1, 1,
   1, 1, 1, 1, 1, 1, 1, 1, 1, 1, 1, 1, 1, 1, 1, 1, 1, 1, 1, 1, 1, 1,
   1, 1, 1, 1, 1, 1, 1, 1, 1, 1, 1, 1, 1, 1, 1, 1, 1, 1, 1, 1, 1, 1,
   1, 1, 1, 1, 1, 1, 1, 1, 1, 1, 1, 1, 1, 1, 1, 1, 1, 1, 1, 1, 1, 1,
   1, 1, 1, 1, 1, 1, 1, 1, 1, 1, 1, 1, 1, 1, 1, 1, 1, 1, 1, 1, 1, 1,
   1, 1, 1, 1, 1, 1, 1, 1, 1, 1, 1, 1, 1, 1, 1, 1, 1, 1, 1, 1, 1, 1,
   1, 1, 1, 1, 1, 1, 1, 1, 1, 1, 1, 1, 1, 1, 1, 1, 1, 1, 1, 1, 1, 1,
   1, 1, 1, 1, 1, 1, 1, 1, 1, 1, 1, 1, 1, 1, 1, 1, 1, 1, 1, 1, 1, 1,
   1, 1, 1, 1, 1, 1, 1, 1, 1],
```

```
5.          "height":20,
6.          "name":"background",
7.          "opacity":1,
8.          "type":"tilelayer",
9.          "visible":true,
10.             "width":20,
11.             "x":0,
12.             "y":0
13.             },
14.             {
15.         "data":[0, 0, 0, 0, 0, 0, 0, 0, 0, 0, 0, 0, 0, 0, 0, 0, 0, 0, 0, 0,
    0, 0, 0, 0, 0, 0, 0, 0, 0, 0, 0, 0, 0, 0, 0, 0, 0, 0, 0, 0,
    0, 0, 0, 0, 0, 0, 0, 0, 0, 0, 0, 0, 0, 243, 244, 245, 0, 0, 0, 0,
    0, 0, 0, 0, 0, 0, 0, 0, 0, 0, 0, 0, 0, 283, 284, 285, 0, 0, 0, 0,
    0, 0, 0, 0, 0, 0, 0, 0, 0, 0, 0, 0, 0, 323, 324, 325, 0, 0, 0, 0,
    0, 0, 0, 0, 0, 0, 0, 0, 0, 0, 0, 0, 0, 0, 0, 0, 0, 0, 0, 0,
    0, 0, 0, 0, 0, 0, 0, 0, 0, 0, 0, 0, 0, 0, 0, 0, 0, 0, 455, 0,
    0, 0, 0, 0, 0, 0, 0, 0, 0, 0, 0, 0, 0, 0, 0, 0, 0, 455, 0, 0, 0,
    0, 0, 0, 0, 0, 0, 0, 0, 0, 0, 0, 0, 0, 0, 0, 455, 0, 0, 0, 0, 0,
    0, 0, 0, 0, 0, 0, 0, 0, 0, 0, 243, 244, 245, 0, 455, 0, 0, 0, 0, 0,
    0, 0, 0, 0, 0, 0, 0, 0, 0, 0, 283, 284, 285, 0, 455, 455, 455, 455,
    455, 455, 455, 455, 0, 0, 0, 0, 0, 0, 0, 0, 323, 324, 325, 0, 0, 0,
    0, 0, 0, 0, 0, 455, 0, 0, 0, 0, 0, 0, 0, 0, 0, 0, 0, 0, 0, 0,
    243, 244, 245, 455, 455, 455, 455, 455, 455, 455, 455, 0, 0, 0, 0,
    0, 0, 0, 0, 0, 283, 284, 285, 455, 0, 0, 0, 0, 0, 0, 0, 0, 0, 0,
    0, 0, 0, 0, 0, 323, 324, 325, 455, 0, 0, 0, 0, 0, 0, 0, 0, 0, 0,
    0, 0, 0, 0, 0, 0, 0, 455, 0, 0, 0, 0, 0, 0, 0, 0, 0, 0, 0, 0,
    0, 0, 0, 0, 0, 0, 455, 0, 0, 0, 0, 0, 0, 0, 0, 0, 0, 0, 0, 0,
    0, 0, 0, 0, 455, 0, 0, 0, 0, 0, 0, 0, 0, 0, 0, 0, 0, 0, 0, 0,
    0, 0, 455, 0, 0, 0, 0, 0, 0, 0],
16.             "height":20,
17.             "name":"percurso",
18.             "opacity":1,
19.             "type":"tilelayer",
20.             "visible":true,
21.             "width":20,
22.             "x":0,
23.             "y":0
```

```
24.                },
25.                {
26.                "data":[0, 0, 0, 0, 0, 0, 0, 0, 0, 0, 0, 0, 0, 0, 0, 0, 0, 0, 0, 0,
    0, 0, 0, 0, 0, 0, 0, 0, 0, 0, 522, 523, 524, 0, 0, 0, 0, 0, 0, 0,
    0, 0, 0, 0, 0, 0, 0, 0, 0, 562, 563, 564, 0, 0, 0, 0, 0, 0, 0, 0,
    7, 8, 9, 10, 11, 0, 0, 0, 602, 603, 604, 0, 0, 0, 0, 0, 0, 0, 0, 0,
    47, 48, 49, 50, 51, 0, 0, 0, 0, 0, 0, 0, 0, 0, 0, 0, 0, 0, 0, 87,
    88, 89, 90, 91, 0, 0, 383, 384, 385, 0, 0, 0, 0, 0, 0, 0, 0, 0, 0, 0,
    127, 128, 129, 130, 131, 0, 0, 423, 424, 425, 0, 0, 0, 0, 0, 0, 0, 0, 0, 0,
    0, 0, 167, 168, 169, 170, 171, 0, 0, 463, 464, 465, 0, 0, 0, 522, 523,
    524, 0, 0, 0, 0, 0, 0, 0, 0, 0, 0, 0, 0, 0, 0, 0, 0, 562, 563, 564,
    0, 0, 0, 0, 0, 0, 0, 0, 0, 0, 0, 0, 0, 0, 0, 0, 602, 603, 604, 0,
    0, 0, 0, 0, 0, 0, 0, 0, 0, 0, 0, 0, 0, 0, 0, 0, 0, 0, 0, 0,
    0, 0, 0, 0, 0, 0, 0, 0, 0, 0, 0, 0, 0, 0, 0, 0, 0, 0, 0, 0,
    0, 204, 205, 206, 0, 0, 0, 0, 0, 204, 205, 206, 0, 0, 0, 0, 0, 0, 0,
    0, 0, 0, 0, 0, 0, 0, 0, 0, 0, 0, 0, 0, 0, 0, 522, 523, 524, 0,
    0, 0, 0, 0, 0, 0, 0, 0, 0, 0, 0, 0, 0, 0, 562, 563, 564, 0, 0,
    0, 0, 0, 0, 0, 0, 0, 522, 523, 524, 0, 0, 0, 0, 602, 603, 604, 0,
    0, 0, 522, 523, 524, 0, 0, 0, 0, 562, 563, 564, 0, 0, 0, 0, 0, 0, 0,
    0, 0, 0, 562, 563, 564, 0, 0, 0, 0, 602, 603, 604, 0, 0, 0, 0, 0, 0,
    0, 0, 0, 0, 602, 603, 604, 0, 0, 0, 0, 0, 0, 0, 0, 0, 0, 0, 0, 0,
    0, 0, 0, 0, 0, 0, 0, 0, 0, 0, 0, 0, 0, 0],
27             "height":20,
28.              "name":"elementos",
29.              "opacity":1,
30.              "type":"tilelayer",
31.              "visible":true,
32.              "width":20,
33.              "x":0,
34.              "y":0
35.              }],
36.        "nextobjectid":1,
37.        "orientation":"orthogonal",
38.        "renderorder":"right-down",
39.        "tiledversion":"1.0.2",
40.        "tileheight":16,
41.        "tilesets":[
42.              {
```

```
43.                "columns":40,
44.                "firstgid":1,
45.                "image":"..\/images\/overworld.png",
46.                "imageheight":576,
47.                "imagewidth":640,
48.                "margin":0,
49.                "name":"overworld",
50.                "spacing":0,
51.                "tilecount":1440,
52.                "tileheight":16,
53.                "tilewidth":16
54.             }],
55.         "tilewidth":16,
56.         "type":"map",
57.             "version":1,
58.      "width":20
59.         }
```

A leitura do arquivo é um pouco complicada porque as propriedades são salvas em ordem alfabética. A linha 1 do arquivo – exemplo pregresso – indica a altura do elemento (20 tiles); e a linha 58, a largura (20 tiles). Nas linhas 34 a 40, podemos ver outras informações sobre o tilemap, como o tipo de orientação, a versão de Tiled, a altura dos tiles e, na linha 55, a largura (16 × 16).

Boa parte do código é ocupada pela propriedade chamada **layers** (linha 2). Trata-se de um array de objetos que contém todas as camadas que temos criado com o aplicativo. Os dados mais relevantes de cada camada são os campos indicados como **data**, um array com os índices das imagens do tileset, o nome da camada e o tamanho de altura e largura.

Note que na camada chamada de **background**, o campo **data** é um array que contém todos elementos de valor 1, indicando o primeiro elemento do tileset – a grama. Nas camadas sucessivas, o Tiled usa o valor 0 para indicar transparência – **nessun tile** especificado, de modo que se vê aquele que está por baixo.

Como última etapa importante, podemos notar a propriedade tilesets, outro array de objetos que lista os tilesets usados: em nosso caso e exemplo, podemos ver que o nome é overworld e indica também o percurso para chegar até ele.

10.4 Carregar o tilemap no Phaser

Carregar e utilizar um tilemap no Phaser é uma operação simples, funcionando mais ou menos como a criação de um sprite. Assim, no preload precisamos carregar a imagem – tileset – e o tilemap – o arquivo de texto visto na seção anterior. Para o tilemap, temos um método dedicado:

```
game.load.tilemap('nomeInterno', 'percurso', null,
                Phaser.Tilemap.TILED_JSON);
```

Com este método, carregamos um arquivo de texto no formato tiled_json e assinamos um nome interno.

Uma vez realizado isso no create, devemos criar um objeto mapa usando o seguinte método:

```
mapa = game.add.tilemap('nomeInterno');
```

E indicar quais são os tilesets que foram utilizados para construir o mapa:

```
mapa.addTilesetImage('nomeImage');
```

Enfim, sabendo que nosso mapa é formado de camadas – layers –, vamos ativá-las:

```
camada = mapa.createLayer('nomeCamada');
```

Exemplo 10.1

O tilemap criado com Tiled tem as seguintes características:

- é salvo neste percurso e com este nome: **assets/mapas/mapa1.json**;
- usa a **imagem** da Figura 10.1 como tileset: **assets/images/overworld.png**;
- tem três **camadas**: **background, percurso, elementos**.

Figura 10.12 Tilemap carregado.

```
1.   var game=new Phaser.Game(320, 320, Phaser.CANVAS, 'game',
        {preload: preload, create: create, update: update});
2.
3.   function preload(){
4.       game.load.tilemap('mapa1', 'assets/mapas/mapa1.json',
                    null, Phaser.Tilemap.TILED_JSON);
```

```
5.      game.load.image('overworld',
                    'assets/images/overworld.png');
6.  }
7.  function create(){
8.      mapa1 = game.add.tilemap('mapa1');
9.      mapa1.addTilesetImage('overworld');
10.
11.     mapa1.createLayer('background');
12.     mapa1.createLayer('percurso');
13.     mapa1.createLayer('elementos');
14. }
15. function update(){}
```

Nas linhas 4 e 5, carregamos o tilemap e a imagem que usamos como tileset. Nas linhas 8 e 9, carregamos o mapa e associamos a imagem, enquanto que nas linhas 11 a 13 criamos as camadas.

10.5 Interação com o tilemap

Aumentaremos o exemplo anterior para ver como interagir com o tilemap. Por isso, usaremos o spritesheet da Figura 10.13 para criar um sprite e animá-lo em nosso mapa.

Figura 10.13 Spritesheet da personagem.

Para estabelecer quais tiles podem causar colisão, usaremos o seguinte método:
`mapa.setCollisionBetween(tileInicio, tileFim, colisão, 'nomeCamada');`

Neste comando, especificamos o índice do tile inicial e aquele final com quais teremos colisão – veja nas propriedades do Tiled o índice de cada tile.

Colisão é um valor booleano que indica se haverá – ou não – colisão. NomeCamada é a camada de referência. O fato de haver camadas separadas nos ajuda, afinal, podemos colocar – como feito no exemplo – todos os elementos de colisão em uma camada separada, sem o problema de identificar qual tile pode colidir com outros elementos.

Para efetivamente estabelecer uma colisão entre um elemento e uma camada de tiles, no update colocaremos o método collide, estudado no Capítulo 9:

```
game.physics.arcade.collide(sprite, camada, callbackAction, ...);
```

Vejamos um exemplo que inclui a colisão, aumentando o código do Exemplo 10.1:

Figura 10.14 Tileset com animação e colisões.

```
1.   var game=new Phaser.Game(320, 320, Phaser.CANVAS, 'Example',
        {preload: preload, create: create, update: update});
2.
3.   function preload(){
4.      game.load.tilemap('mapa1', 'assets/mapas/mapa1.json',
                         null, Phaser.Tilemap.TILED_JSON);
5.      game.load.image('overworld', 'assets/images/overworld.png');
6.
7.      game.load.spritesheet('player',
                              'assets/images/player2.png', 16, 21);
8.   }
9.   function create(){
10.     mapa1 = game.add.tilemap('mapa1');
11.     mapa1.addTilesetImage('overworld');
12.
13.     mapa1.createLayer('background');
```

```
14.     mapa1.createLayer('percurso');
15.     elementos = mapa1.createLayer('elementos');
16.
17.     player = game.add.sprite(70, 125, 'player');
18.     player.anchor.setTo(0.5);
19.     player.animations.add('walkD', [0, 1, 2, 3], 16, false);
20.     player.animations.add('walkR', [4, 5, 6, 7], 16, false);
21.     player.animations.add('walkU', [8, 9, 10, 11], 16, false);
22.     player.animations.add('walkL', [12, 13, 14, 15], 16, false);
23.
24.     cursors = game.input.keyboard.createCursorKeys();
25.
26.     game.physics.startSystem(Phaser.Physics.ARCADE);
27.     game.physics.enable(player);
28.
29.     player.body.setSize(14, 5, 1, 16);
30.
31.     mapa1.setCollisionBetween(0, 700, true, 'elementos');
32. }
33. function update(){
34.     player.body.velocity.setTo(0);
35.
36.     if (cursors.up.isDown)
37.     {
38.         player.animations.play('walkU');
39.         player.body.velocity.y = -128;
40.     }
41.     else if (cursors.down.isDown)
42.     {
43.         player.animations.play('walkD');
44.         player.body.velocity.y = 128;
45.     }
46.     else if (cursors.left.isDown)
47.     {
48.         player.animations.play('walkL');
49.         player.body.velocity.x = -128;
50.     }
51.     else if (cursors.right.isDown)
```

```
52.     {
53.         player.animations.play('walkR');
54.         player.body.velocity.x = 128;
55.     }
56.     else
57.             player.frame = 0;
58.
59.     game.physics.arcade.collide(player, elementos,
            function(){
60.             console.log('Aconteceu uma colisão!');
61.         });
62. }
```

A maioria das linhas adicionadas trata da inclusão e do controle do personagem controlado pelo jogador que já vimos nos capítulos anteriores: na linha 7 incluímos o spritesheet, em que cada frame mede 16 × 21 pixels. Nas linhas 17 a 22, posicionamos o sprite e criamos quatro animações de caminhada, uma para cada sentido. Na linha 24, inicializamos o cursor para o movimento com as setas do teclado, enquanto que nas linhas 26 e 27 inicializamos o motor físico. Na linha 29, reduzimos a área de colisão do sprite, em modo que apenas a parte das pernas perceba a colisão com outros objetos/tiles (Figura 10.15). No update (linhas 34-57), verificamos a tecla pressionada e animamos e movemos o sprite em concordância.

Sobre a colisão do personagem com o mapa de tiles, na linha 15 assinamos a camada elementos a um objeto para ser utilizado mais tarde no update, a fim de identificar a colisão com o jogador. Na linha 31, estabelecemos que os tiles de índice entre 0 e 700 da camada elementos ativarão uma colisão, ao passo que nas linhas 59 a 61 indicamos que relevaremos as colisões entre jogador – player – e a camada elementos, definindo uma função que sinalize a colisão.

Figura 10.15 Efeito da redução da área de colisão.

Considerações finais

Abordamos os seguintes temas: o significado de tile, tilemap, tileset e tilemaplayer; como criar um tilemap; como carregar o tilemap em um projeto Phaser; como interagir com um tilemap.

Vamos praticar?

1. O que você entendeu por tile, tileset, tilemap e tilemaplayer? Apresente, pelo menos, dois exemplos de cada termo.

2. Qual é o escopo do programa Tiled?

3. Qual é o formato do arquivo json e o que armazena?

4. Por que criamos diferentes camadas em um jogo que usa tilemaps?

5. Analise e detecte os erros presentes nas seguintes linhas de código:
   ```
   mapa1 = game.add.tilemap('mapa1');
   mapa1.addTilesetImage('overworld');

   mapa1.createLayer('percurso');
   mapa1.createLayer('elementos');
   mapa1.createLayer('background');
   ```

6. O que é preciso fazer para estabelecer uma colisão entre um sprite e um mapa de tiles?

Capítulo 11

Estados de Jogo

Considerações iniciais

Neste capítulo, aprofundaremos mais o conceito de estados. Analisaremos os métodos para gerenciar um jogo com mais estados e desenvolveremos um modelo a ser usados como roteiro em projetos mais complexos.

11.1 Definição de estado de jogo

Como vimos no Capítulo 3, um jogo pode ser constituído por um ou diferentes estados – **states** –, normalmente um por cada tela de jogo. Para isso, o Phaser implementa um gerenciador de estados, o StateManager.

Para cada estado de jogo é criada uma classe JavaScript com os três principais métodos do jogo: preload, create e update. Não necessariamente todo estado deve ter os três métodos, considerando que um estado, para ser tal, precisa ter ao menos um desses.

O construtor da classe recebe automaticamente o objeto game como parâmetro – isso está implementado nas funcionalidades do Phaser.

```
1.  Estado = function(game){
2.      // atributos da classe
3.  }
4.
5.  Estado.prototype={
6.      // metodos
7.      preload: function() {},
8.      create: function() {},
9.      update: function() {}
10. }
```

Para que o jogo seja mais organizado, cada objeto fica em um arquivo diferente, por exemplo, Estado1.js, neste caso.

Em um arquivo "principal", normalmente chamado de Game.js, é criado o objeto game e são adicionados todos os estados a este com a seguinte instrução:

```
game.state.add('nomeEstado', estado);
```

em que **nomeEstado** é um nome único, um **alias** para identificá-lo, enquanto que **estado** é o objeto criado nos outros arquivos.

Exemplo 11.1

```
1.  game.state.add('Estado1', Estado1);
2.  game.state.add('Estado2', Estado2);
3.  game.state.add('Estado3', Estado3);
```

Este arquivo termina com a instrução para executar o primeiro estado:

```
game.state.start('Estado');
```

Exemplo 11.2

```
game.state.start('Estado1');
```

No arquivo HTML, devem ser incluídos todos os arquivos JavaScript criados.

11.2 Um modelo de jogo com estados

Para exemplificar, criaremos um modelo de jogo que implemente os estados que podemos ver na Figura 11.1:

Figura 11.1 Estados do jogo.

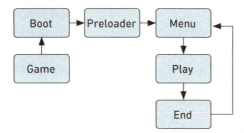

Examinaremos brevemente cada estado:
- **Game:** estado "principal" que define o objeto game e adiciona os outros estados.
- **Boot:** estado que contém funções de inicialização – tela, motor físico.
- **Preloader:** onde carregamos todos os recursos – fontes, gráficos, áudio.
- **Menu:** menu de jogo.
- **Play:** o jogo propriamente dito.
- **End:** tela de fim de jogo.

Na Figura 11.2, podemos ver um planejamento do que cada estado apresentará na tela. Game e boot não apresentam nada. No preloader, há uma imagem que indica que os recursos são carregados, muitas vezes chamada de splashscreen – tela de abertura. Nos estados menu, play e end serão apresentados o nome do estado, uma imagem de fundo e uma indicação de clicar no mouse para prosseguir.

Figura 11.2 Telas dos estados.

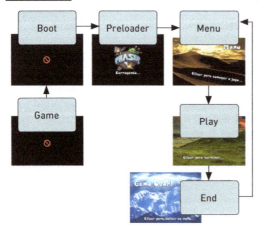

Vale ressaltar que para deixar o ambiente JavaScript mais organizado, geralmente as classes são criadas dentro de um objeto que recolhe todas essas. Neste exemplo, o objeto será chamado de **modelo**.

Para a criação do modelo, utilizaremos as diretivas indicadas no repositório do Phaser – ou seja, será elaborada uma referência ao presente projeto, alocada na pasta `resources\Project Templates\Basic` do arquivo oficial do Phaser.

Examinemos os diferentes arquivos:

index.html

```
1.   <!DOCTYPE html>
2.   <html lang="pt">
3.   <head>
4.       <meta charset="UTF-8">
5.       <title>Document</title>
6.       <meta name="viewport" content="width=device-width,
     user-scalable=no, initial-scale=1.0, maximum-scale=1.0,
     minimum-scale=1.0">
7.       <script src="lib/phaser.min.js"></script>
8.       <script src="js/Boot.js"></script>
9.       <script src="js/Preloader.js"></script>
10.      <script src="js/Menu.js"></script>
11.      <script src="js/Play.js"></script>
12.      <script src="js/End.js"></script>
13.      <style>
14.         *{margin:0;padding:0}
15.      </style>
16.  </head>
17.  <body>
18.      <script src="js/Game.js"></script>
19.  </body>
20.  </html>
```

Podemos ver, nas linhas 8 a 12, a inserção dos arquivos que contêm os estados que implementaremos.

É importante que o arquivo principal – game – seja incluído em última posição – aqui, na linha 18, dentro do corpo do HTML –, afinal, é quem montará o statemanager, adicionando todos os demais estados.

Game.js
```
1.   var game = new Phaser.Game(1000, 700, Phaser.AUTO, 'game');
2.
3.   game.state.add('Boot', Modelo.Boot);
4.   game.state.add('Preloader', Modelo.Preloader);
5.   game.state.add('Menu', Modelo.Menu);
6.   game.state.add('Play', Modelo.Play);
7.   game.state.add('End', Modelo.End);
8.
9.   game.state.start('Boot');
```

O arquivo game.js cria o objeto game e adiciona as classes de estado, criando chaves textuais para que sejam referenciados. Ao final, executa o estado boot (linha 9).

Boot.js
```
1.   var Modelo = {
2.       pontos: 0
3.   };
4.
5.   Modelo.Boot = function(game){}
6.
7.   Modelo.Boot.prototype={
8.       preload:function(){
9.           this.load.image('carregando','assets/images/phaser.png');
10.      },
11.      create:function(){
12.          this.physics.startSystem(Phaser.Physics.ARCADE);
13.
14.          // tela cheia, centralizada
15.          this.scale.scaleMode = Phaser.ScaleManager.SHOW_ALL;
16.          this.scale.pageAlignHorizontally = true;
17.          this.scale.pageAlignVertically = true;
18.
19.          this.state.start('Preloader');
20.      }
21.  }
```

No início desse arquivo, foi criado o objeto que conterá todas as classes, no qual podemos definir atributos globais e que são visíveis em todos os estados; por exemplo, uma imagem que é utilizada em diferentes estados ou a pontuação. Na linha 9, é carregada uma imagem que será usada na fase de preloading como **splashscreen** – o logo do Phaser com o texto "carregando...". O código da linha 12 inicializa o sistema de física – que será aprofundado em um capítulo posterior. A linha 15 estabelece que o jogo funcionará em tela cheia, e as linhas 16 e 17 indicam que o jogo deve ser centralizado em horizontal e vertical. Enfim, a linha 19 carrega o próximo estado, o preloader.

Preloader.js

```
1.    Modelo.Preloader = function(game){}
2.
3.    Modelo.Preloader.prototype={
4.      preload:function(){
5.        var carregando = this.add.sprite(this.world.centerX,
      this.world.centerY, 'carregando');
6.        carregando.anchor.setTo(.5);
7.        this.load.setPreloadSprite(carregando);
8.
9.        this.load.image('couldMountain',
                          'assets/images/coldmountain.png');
10.       this.load.image('wizardTower',
                          'assets/images/wizardtower.png');
11.       this.load.image('cloudsDesert',
                          'assets/images/cloudsdesert.png');
12.     },
13.     create: function(){
14.       this.time.events.add(Phaser.Timer.SECOND * 2,
                                    this.start, this);
15.     },
16.     start: function(){
17.       this.state.start('Menu');
18.     }
19.   }
```

Nas linhas 5 a 8, há o estabelecimento do sprite de preload, que mostrará o estado do carregamento. Para fazer isso, utilizaremos a seguinte instrução:

```
game.load.setPreloadSprite(sprite);
```

Enquanto o Phaser carregar os recursos, esse método indicará automaticamente a progressão do carregamento, mostrando um percentual do sprite correspondente ao dos recursos carregados. O programa passará ao método create uma única vez, terminado de carregar os assets.

Nas linhas 9 a 11, serão carregados os assets utilizados durante o jogo.

Estas imagens são instanciadas com a palavra-chave **this**, uma referência à classe atual – preloader, neste caso. Isso é feito para encapsular as variáveis à classe atual, de modo que possam ser recuperadas a partir de outras classes e para manter a limpeza e organização da memória do jogo.

Os métodos que geralmente são chamados a partir do objeto game, de tipo `game.load.image`, `game.add.image`, `game.world.centerX`, podem ser chamados usando this, visto que um estado, quando é adicionado ao jogo, automaticamente tem estabelecidas algumas propriedades relativas ao ambiente de jogo (Tabela 11.1).

Geralmente, carregar os recursos que ficam on-line demora um pouco. Assim, para simular isso, uma vez que estamos trabalhando off-line, na linha 13 criamos um atraso antes de passar ao próximo estado. Para fazer isso, aplica-se o seguinte método:

```
game.time.events.add(tempo, função, contexto);
```

que executa a função específica depois de ser passado o tempo indicado. É usada uma constante de Phaser, `Phaser.Timer.SECOND`, para indicar um segundo, e é criada uma função start (linhas 13-15), chamada depois de 2 segundos. O terceiro parâmetro do método, **contexto**, indica o contexto em que a função chamada se encontra. No caso desse modelo, teremos que passar a palavra-chave **this** para indicar o contexto atual. No caso de jogos com um único estado, tal conteúdo pode ser omitido.

Se o jogo estiver on-line, podemos omitir esse atraso artificial e mudar as linhas 13 a 19 como se segue:

```
13.     create: function(){
14.         //carregar algum recurso, tipo música
15.     },
16.     update:function(){
17.         if (this.cache.isSoundDecoded('musica'))
18.             this.state.start('Menu');
19.     }
```

No create, carregamos alguns recursos necessários para o próximo estado, como o tipo da música do jogo. O update lança diretamente o novo estado ou usa o seguinte método:

```
game.cache.isSoundDecoded('musica')
```

a fim de esperar que a música seja decodificada – o que ocupa significativo espaço de tempo quando lidamos com arquivos comprimidos, por exemplo, mp3 – antes de chamar o estado menu.

Menu.js

```
1.   Modelo.Menu = function(game){}
2.
```

```
3.   Modelo.Menu.prototype={
4.      create:function(){
5.          this.bg = this.add.image(0,0,'cloudsDesert');
6.          this.bg.inputEnabled = true;
7.          this.bg.events.onInputDown.add(this.start, this);
8.      },
9.      start: function(){
10.         this.state.start('Play');
11.     }
12.  }
```

Os últimos três arquivos – menu, play e end – são muito parecidos. Menu.js mostra a imagem que foi carregada no preloader. A linha 6 estabelece que a imagem deve ser sensível ao input do mouse/toque do dedo. Já na linha 7 é empregado o seguinte método:

```
image.events.onInputDown.add(função, contexto);
```

que associa ao clique do mouse a chamada à função start, presente nas linhas 8 a 10, cujo escopo é chamar o próximo estado.

play.js

```
1.   Modelo.Play = function(game){}
2.
3.   Modelo.Play.prototype={
4.      create:function(){
5.          this.bg = this.add.image(0,0,'wizardTower');
6.          this.bg.inputEnabled = true;
7.          this.bg.events.onInputDown.add(this.start, this);
8.
9.          Modelo.pontos = 10;
10.     },
11.     start: function(){
12.         this.state.start('End');
13.     }
14.  }
```

O estado play faz praticamente a mesma coisa do menu, mas aqui em um caso real precisaria de muito mais linhas de código para implementar o jogo. Neste caso exemplar, é mostrada uma imagem diferente e é assinado um valor ao atributo global pontos (linha 9).

Quando o jogo acabar – neste caso, sempre clicando com o mouse –, o estado atual carregará o estado end, tela de fim de jogo.

End.js

```
1.   Modelo.End = function(game){}
2.
3.   Modelo.End.prototype={
4.      create:function(){
5.          this.bg = game.add.image(0,0,'couldMountain');
6.          this.bg.inputEnabled = true;
7.          this.bg.events.onInputDown.add(this.start, this);
8.
9.          alert('Pontos: ' + Modelo.pontos);
10.     },
11.     start: function(){
12.         this.state.start('Menu');
13.     }
14.  }
```

No estado end é mostrado outro fundo e é exibido o valor da variável global pontos, mediante um alert. Uma vez exibida a tela de fim de jogo, um clique leva novamente ao menu.

Figura 11.3 O programa executando e passando de um estado do jogo ao outro.

Um jogo completo pode ter todos esses estados e até mais. Nos próximos capítulos, não implementaremos todos os estados porque focalizaremos um tema específico – gráfico, áudio, físico, tiles – e usaremos apenas um estado. Nos capítulos finais, serão mostrados exemplos de jogos completos em que implementaremos estados diferentes.

Tabela 11.1 • Propriedades automaticamente estabelecidas em um estado

Propriedade	Funcionalidade	Módulo da biblioteca
this.game;	O jogo que está rodando	Phaser.Game
this.add;	Adicionar sprites, textos, grupos	Phaser.GameObjectFactory
this.camera;	Referência à câmera do jogo	Phaser.Camera
this.cache;	Cache do jogo	Phaser.Cache
this.input;	Gerenciador global de input	Phaser.Input
this.load;	Para fazer preload dos assets	Phaser.Loader
this.math;	Funções matemáticas	Phaser.Math
this.sound;	Gerenciador de áudio	Phaser.SoundManager
this.stage;	Stage do jogo	Phaser.Stage
this.time;	Relógio interno	Phaser.Time
this.tweens;	Gerenciador de interpolação	Phaser.TweenManager
this.state;	Gerenciador de estados	Phaser.StateManager
this.world;	Mundo de jogo	Phaser.World
this.particles;	Gerenciador de partículas	Phaser.Particles
this.physics;	Gerenciador de física	Phaser.Physics
this.rnd;	Gerador de números aleatórios	Phaser.RandomDataGenerator

Tabela compilada a partir da uma tradução do texto presente na pasta resources\Project Templates\Basic do arquivo oficial de Phaser.

Fonte: elaborado pelos autores.

Considerações finais

Abordamos os seguintes temas: estado de jogo; estados de jogo mais comuns; modelo de jogo com estados.

Vamos praticar?

1 Considere o seguinte trecho de código e explique o seu funcionamento:
```
1. bg = game.add.image(0,0,'couldMountain');
2. bg.inputEnabled = true;
3. bg.events.onInputDown.add(this.quit);
```

2 Para que são utilizados os estados de jogo?

3 Por que a palavra-chave this é empregada no contexto de um objeto de estado de jogo?

4 Considere o seguinte exemplo de jogo e responda às questões subsequentes:

O jogo tem um botão start na frente de seu esquema. Ao pressionar esse botão, a informação desaparece para deixar o jogador iniciar. Ademais, quando o jogo acaba, o botão reaparece na posição originária para ser usado novamente.

a) Quantos estados de jogo temos neste exemplo de programa?

b) Tal implementação seria ótima?

c) Como poderíamos otimizá-la?

5 Considerando que o Phaser inclui a possibilidade de instanciar uma barra de progresso de carregamento, pesquise, na documentação desse programa, e descreva como fazer isso.

Desafio

6 Considerando que neste capítulo usamos um método para executar uma ação depois de um certo tempo (game.time.events.add), existe outra função que permite a repetição de uma ação depois de um intervalo predeterminado (game.time.events.repeat); logo, procure mais sobre tal método e o implemente em um programa.

Capítulo 12
Jogo Arcade

Considerações iniciais

Neste capítulo, será analisada a construção de um jogo de ação arcade, do tipo ball and paddle. Será planejado o modelo de estados do jogo, mostrados os assets gráficos e sonoros e, enfim, analisado e explicado o código de cada estado.

12.1 O jogo

Neste capítulo, analisaremos a estrutura de um jogo demo chamado **Break the Wall**. Trata-se de um clone do famoso Breakout, criado e desenvolvido pela Atari, em 1976. No game, na parte superior da tela há um conjunto de tijolos e uma bola que percorre o espaço, batendo nas paredes superiores e laterais e voltando à base da tela. Quando a bola atinge um tijolo, salta e o tijolo é eliminado; ademais, se a bola toca o lado inferior da tela, o jogador perde uma vida, mas pode usar uma barra móvel para evitar que a bola toque essa região fatal (Figura 12.1).

Figura 12.1 Tela do jogo.

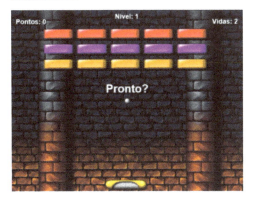

O jogo será criado segundo o modelo de estados visto no Capítulo 11. Será, então, composto de cinco estados diferentes, como é possível ver na Figura 12.2.

O arquivo game serve para inicializar o objeto game e criar os estados. Boot carregará os recursos indispensáveis para o preloader – uma imagem de carregamento – e inicializará o motor físico, a centralização e dimensão da tela. O preloader se ocupará de carregar todos os recursos do jogo.

Figura 12.2 Estados e telas do jogo.

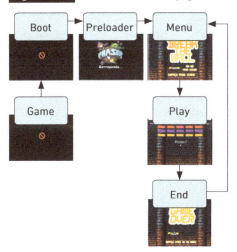

Jogo Arcade

O estado menu mostrará uma tela de apresentação do jogo – com breves instruções. Depois de pressionar a tecla Espaço, começará o jogo, chamando o estado play. Perdendo três vidas, o jogo acaba, chamando o estado end, que visualiza um **Game Over** e mostra a pontuação. Pressionando de novo a tecla espaço, o jogo volta para o Menu.

12.2 Assets

Para a criação do jogo, utilizaremos os assets indicados na Figura 12.3:

Figura 12.3 Organização do projeto.

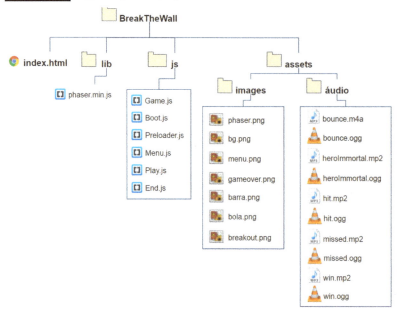

12.2.1 Imagens

O arquivo phaser.png é o logo de Phaser com a escrita "carregando", que será usado no estado de preload durante o carregamento dos outros recursos, enquanto que bg.png é o fundo da tela de jogo e servirá nos estados menu, play e end (Figura 12.4).

Figura 12.4 Loader e fundo do jogo.

Menu.png e gameover.png são imagens da tela de menu – título – e da tela do fim de jogo (Figura 12.5), elementos da interface.

Figura 12.5 Imagens de menu e fim do jogo.

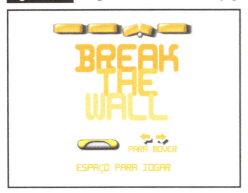 

Barra.png e bola.png são os elementos principais do jogo (Figura 12.6) e breakout.png é um spritesheet com todos os elementos (Figura 12.7) – neste caso, os sprites da barra e da bola foram extraídos do spritesheet para simplificar o uso.

Figura 12.6 Barra e bola.

Figura 12.7 Spritesheet com tijolos e outros componentes.

12.2.2 Áudio

Para a música e os efeitos sonoros foram utilizados cinco áudios em dois tipos de arquivo: ogg e mp3. Para economizar, os arquivos foram salvos em formato mp2, que é uma versão mp3 de menor qualidade e que ocupa menos espaço. Os arquivos são:

- **heroImmortal:** usado como música do jogo;
- **bounce:** efeito sonoro (fx) usado quando a bola toca uma parede ou destrói um tijolo;

- **hit:** fx usado quando a bola toca a barra;
- **missed:** fx para indicar que a bala tocou a área inferior da tela – o jogador perde uma vida;
- **win:** fx usado quando o jogador completa a destruição de uma camada de tijolos e passa ao nível sucessivo.

12.3 O código

Analisemos os arquivos de código que compõem o jogo, lembrando da estrutura de estados que vimos anteriormente e do modelo que criamos na Figura 12.2.

12.3.1 Arquivo HTML

index.html

```
1.   <!DOCTYPE html>
2.   <html lang="en">
3.   <head>
4.       <meta charset="UTF-8">
5.       <title>Document</title>
6.       <meta name="viewport" content="width=device-width,
     user-scalable=no, initial-scale=1.0, maximum-scale=1.0,
     minimum-scale=1.0">
7.       <script src="lib/phaser.min.js"></script>
8.       <script src="js/Boot.js"></script>
9.       <script src="js/Preloader.js"></script>
10.      <script src="js/Menu.js"></script>
11.      <script src="js/Play.js"></script>
12.      <script src="js/End.js"></script>
13.      <style>
14.          *{margin:0;padding:0}
15.      </style>
16.  </head>
17.  <body>
18.      <script src="js/Game.js"></script>
19.  </body>
20.  </html>
```

O documento HTML é muito parecido com aquele visto no exemplo dos estados: apresenta link para todos os arquivos de estado e no seu corpo chama o primeiro arquivo, game.js, que cria o objeto de jogo e carrega os outros estados.

12.3.2 Criação do objeto game e dos estados

Game.js

```
1.   var game = new Phaser.Game(640, 480, Phaser.AUTO, 'game');
2.
3.   game.state.add('Boot', Breakout.Boot);
4.   game.state.add('Preloader', Breakout.Preloader);
5.   game.state.add('Menu', Breakout.Menu);
6.   game.state.add('Play', Breakout.Play);
7.   game.state.add('End', Breakout.End);
8.
9.   game.state.start('Boot');
```

Igualmente, o game.js é parecido com aquele apresentado no Capítulo 4, afinal, cria o objeto game, além de adicionar todos os estados e iniciar o estado boot. Note que chamamos de breakout o objeto de jogo que conterá todos os estados. Para saber sobre objeto geral, veja a próxima seção.

12.3.3 Estado boot

Boot.js

```
1.   var Breakout = {
2.      hitAud: null,
3.      music: null,
4.      pontos: 0
5.   };
6.
7.   Breakout.Boot = function(){}
8.
9.   Breakout.Boot.prototype={
10.     preload:function(){
11.        this.load.image('carregando','assets/images/phaser.png');
```

```
12.    },
13.    create:function(){
14.        this.physics.startSystem(Phaser.Physics.ARCADE);
15.
16.        this.scale.scaleMode = Phaser.ScaleManager.SHOW_ALL;
17.        this.scale.pageAlignHorizontally = true;
18.        this.scale.pageAlignVertically = true;
19.
20.        this.state.start('Preloader');
21.    }
22. }
```

Neste estado, definimos o objeto global do nosso jogo, breakout, e inicializamos algumas variáveis globais.

Precisamos de variáveis globais quando temos algum valor/objeto que usamos em estados diferentes, mas não queremos perder o seu conteúdo. Nesse caso, desejamos armazenar a variável pontos – que é usada nos estados play e end), e os objetos audio music e hitaud, que serão utilizados também em estados específicos.

No boot, carregamos apenas a imagem que será mostrada no preloader (linha 11) e estabelecemos algumas configurações padrão, a saber: ativamos o motor físico, colocamos o jogo em tela cheia e o centralizamos (linhas 14-18). Como última ação, chamamos o estado preloader.

12.3.4 Estado preloader

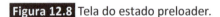

Figura 12.8 Tela do estado preloader.

Preloader.js

```
1.   Breakout.Preloader = function(){}
2.
3.   Breakout.Preloader.prototype = {
4.   preload:function(){
5.       var carregando = this.add.sprite(this.world.centerX,
                    this.world.centerY, 'carregando');
6.       carregando.anchor.setTo(.5);
7.       this.load.setPreloadSprite(carregando);
8.
9.       this.load.image('background', 'assets/images/bg.png');
10.      this.load.image('menu', 'assets/images/menu.png');
11.      this.load.image('gameover', 'assets/images/gameover.png');
12.      this.load.image('bola', 'assets/images/bola.png');
13.      this.load.image('barra', 'assets/images/barra.png');
14.      this.load.spritesheet('tijolos',
                    'assets/images/breakouts.png', 40, 40);
15.
16.      this.load.audio('bounceAud', ['assets/audio/bounce.m4a',
                    'assets/audio/bounce.ogg']);
17.      this.load.audio('hitAud', ['assets/audio/hit.mp3',
                    'assets/audio/hit.ogg']);
18.      this.load.audio('missedAud', ['assets/audio/missed.mp2',
                    'assets/audio/missed.ogg']);
19.      this.load.audio('winAud', ['assets/audio/win.mp2',
                    'assets/audio/win.ogg']);
20.      this.load.audio('musica',['assets/audio/heroImmortal.mp2',
                    'assets/audio/heroImmortal.ogg']);
21.  },
22.  create:function(){
23.      Breakout.hitAud = this.add.audio('hitAud');
24.
25.      Breakout.musica = this.add.audio('musica');
26.      Breakout.musica.volume = .2;
27.      Breakout.musica.loop = true;
28.  },
29.  update:function(){
```

```
30.     if (this.cache.isSoundDecoded('musica'))
31.        this.state.start('Menu');
32.   }
33. }
```

O preloader se ocupa de carregar todos os recursos do jogo.

Nas linhas 5 a 8 do arquivo preloader.js, estabelece-se o sprite de preload, que mostrará o estado do carregamento. Entre as linhas 9 e 20 são carregadas todas as imagens, spritesheets, músicas e efeitos sonoros do game.

Nas linhas 23 e 25, são carregados dois áudios, um de efeito sonoro – que será utilizado para a passagem de um estado para outro – e outro de música. Nas linhas 26 e 27, estabelecemos o volume da música e o seu toque com tempo indefinido, ou seja, sem parar. No método **update**, verificamos se a música já foi decodificada – sendo que o formato mp3 demora um pouco para completar esse processo – apenas quando essa condição for verdadeira o estado menu será ativado. Dessa forma, a música tocará logo que o menu aparecer.

12.3.5 Estado menu

Figura 12.9 Tela do estado menu.

Menu.js
```
1.  Breakout.Menu = function(){}
2.
3.  Breakout.Menu.prototype = {
4.   create:function(){
5.     this.add.image(0,0,'background');
```

```
6.      this.add.image(0,0,'menu');
7.
8.      Breakout.musica.play();
9.
10.     var space = this.input.keyboard.addKey(
                            Phaser.Keyboard.SPACEBAR);
11.     space.onDown.addOnce(this.startGame, this);
12.  },
13.  startGame: function(){
14.     Breakout.hitAud.play();
15.     this.state.start('Play');
16.  }
17.  }
```

O estado menu mostra as imagens de fundo e gráfica do menu (linhas 5-6), toca a música (linha 8) e espera o pressionamento da tecla de espaço (linhas 10-11). Quando a tecla de espaço for pressionada, será executado um efeito sonoro e chamado o estado play (linhas 14-15).

12.3.6 Estado play

Figura 12.10 Tela do estado play.

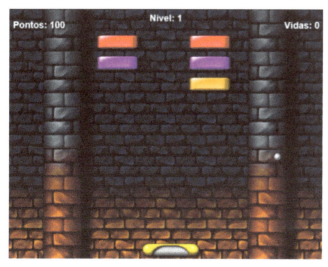

Play.js
```
1.   Breakout.Play = function(){}
2.
3.   Breakout.Play.prototype = {
```

```
4.   create:function(){
5.      this.add.image(0,0,'background');
6.      this.bola = this.add.sprite(this.world.centerX,
                       this.world.centerY, 'bola');
7.      this.barra = this.add.sprite(this.world.centerX,
                       500,'barra');
8.      this.bola.anchor.setTo(.5);
9.      this.barra.anchor.setTo(.5);
10.
11.     this.bounceAud = this.add.audio('bounceAud');
12.     this.missedAud = this.add.audio('missedAud');
13.     this.winAud = this.add.audio('winAud');
14.
15.     this.physics.enable([this.bola, this.barra]);
16.
17.     this.bola.body.collideWorldBounds = true;
18.     this.bola.body.bounce.setTo(1);
19.
20.     this.barra.body.collideWorldBounds = true;
21.     this.barra.body.immovable = true;
22.
23.     this.bola.body.onWorldBounds = new Phaser.Signal();
24.     this.bola.body.onWorldBounds.add(this.retorno, this);
25.
26.     this.esqKey = this.input.keyboard.addKey(
                            Phaser.Keyboard.LEFT);
27.     this.dirKey = this.input.keyboard.addKey(
                            Phaser.Keyboard.RIGHT);
28.
29.     Breakout.pontos = 0;
30.     this.winAud.volume = 1;
31.     this.vidas = 2;
32.     this.nivel = 1;
33.
34.     this.iniciaTexto();
35.     this.novoEsquema();
36.     this.resetBola();
37.  },
```

No **create**, são criados e posicionados todos os elementos do jogo.

Nas linhas 5 a 9, criamos o fundo do jogo, a barra e a bola. Nas linhas 11 a 13, são instanciados os efeitos sonoros. Na linha 15, inicializamos o motor de física e, nas linhas 17 a 24, utilizamos a física nos seguintes modos: ativamos as colisões da bola e da barra com a borda do jogo; estabelecemos o valor de retorno da bola quando tocar um elemento e a imobilidade da barra; ativamos a geração de eventos no caso de a bola tocar a borda, delegando ao método **retorno** a gestão desse evento.

Nas linhas 26 e 27, estabelecemos a observação das teclas **seta para direita** e **seta para esquerda**. Nas linhas 29 a 32, são inicializados alguns atributos, a saber: pontos, volume de um efeito sonoro, vidas e nível. Termina chamando os métodos **iniciaTexto**, **novoEsquema** e **resetBola** para inicializar a tela de jogo. Examinemos, então, tais linhas de código:

```
38.   iniciaTexto:function(){
39.       var estilo1 ={font:'bold 30px Arial', fill:'#ffffff'}
40.       var estilo2 ={font:'bold 18px Arial', fill:'#ffffff'}
41.       this.pontosTxt = this.add.text(20, 20, 'Pontos: 0', estilo2);
42.       this.pontosTxt.setShadow(3, 3, 'rgba(0,0,0,0.8)', 2);
43.       this.vidasTxt = this.add.text(550, 20, 'Vidas: 2', estilo2);
44.       this.vidasTxt.setShadow(3, 3, 'rgba(0,0,0,0.8)', 2);
45.       this.nivelTxt = this.add.text(320, 20, 'Nível: 1', estilo2);
46.       this.nivelTxt.setShadow(3, 3, 'rgba(0,0,0,0.8)', 2);
47.       this.nivelTxt.anchor.set(.5);
48.
49.       this.prontoTxt = this.add.text(this.world.centerX,
                  this.world.centerY-30, 'Pronto?', estilo1);
50.       this.prontoTxt.visible = false;
51.       this.prontoTxt.setShadow(5, 5, 'rgba(0,0,0,0.8)', 3);
52.       this.prontoTxt.anchor.set(.5);
53.   },
```

O método iniciaTexto inicializa todos os objetos de texto do jogo: um texto que mostra os pontos, um para as vidas, outro para o nível e um texto para alertar o jogador do reposicionamento da bola, quando perder uma vida.

```
54.   novoEsquema:function(){
55.       this.tijolos = this.add.group();
56.       var centralizar = (this.world.width - 450) / 2;
57.           for(var j = 0; j < 3; j++){
```

```
58.         for(var i = 0; i < 5; i++){
59.             var tijolo = this.add.sprite(centralizar + i *
                    90, 50 + j * 40, 'tijolos', j);
60.             this.physics.enable(tijolo);
61.             tijolo.body.immovable = true;
62.             tijolo.body.setSize(30,30,0,0);
63.             tijolo.scale.setTo(2.5,.8);
64.             this.tijolos.add(tijolo);
65.         }
66.     }
67. },
```

NovoEsquema se ocupa de criar o grupo de tijolos, posicioná-los e atribuir algumas propriedades. São executados dois laços de repetição, um para as linhas e outro para as colunas; cada tijolo é posicionado na localização apropriada (linha 59). Habilita-se, então, a física (linha 60), definindo o tijolo imóvel (linha 61), diminuindo a área de colisão, visto que as imagens dos tijolos têm uma sombra lateral, alterando a sua escala –, pois no spritesheet cada tijolo é um quadrado, modificando a escada e deixando-o em forma de retângulo – e, ao final, cada tijolo é adicionado ao grupo.

```
68. resetBola:function(){
69.     this.prontoTxt.visible = true;
70.     this.bola.body.velocity.setTo(0);
71.     this.bola.position.setTo(this.world.centerX,
                    this.world.centerY);
72.     this.barra.position.setTo(this.world.centerX, 500);
73.     this.time.events.add(Phaser.Timer.SECOND * .5, function(){
74.         this.physics.arcade.velocityFromAngle
                (this.rnd.between(45, 135),
                300 + this.nivel * 10,
                this.bola.body.velocity);
75.         this.prontoTxt.visible = false;
76.     }, this);
77. }
```

O método NovoEsquema é empregado para posicionar a bola e a barra na posição originária da tela e mostrar uma mensagem de início do game (Figura 12.11).

Figura 12.11 Tela de início do jogo.

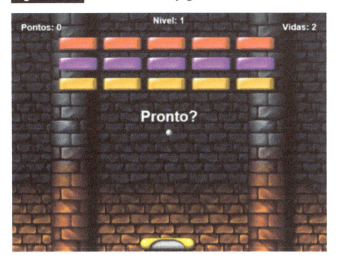

Tornamos visível o texto de alerta (linha 69), zeramos a velocidade da bola (linha 70) e posicionamos a bola e a barra na posição predefinida no centro (linhas 71-72). A linha 73 faz o jogo esperar 5 segundos antes de chamar uma função – declarada anonimamente – e que define a direção – um ângulo entre 45° e 135° (Figura 12.12) –, define a velocidade da bola e esconde o texto – note que a velocidade da bola aumenta com o incremento do nível.

Figura 12.12 Sistema angular do Phaser.

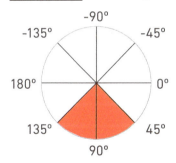

```
78.   retorno:function(sprite, up, down, left, right){
79.       if(up || left || right)
80.           this.bounceAud.play();
81.       else if(down){
82.           this.missedAud.play();
83.           this.vidas--;
84.           if(this.vidas<0)
85.               this.state.start('End');
86.
```

```
87.          this.resetBola();
88.       }
89.   },
```

O método retorno é chamado no caso de encontro da bola com a borda da tela e recebe cinco parâmetros: o sprite que tocou a borda e outros quatro parâmetros lógicos que indicam cada lado da borda que foi tocado. Se foram tocados os lados up, left ou right, o jogo simplesmente emite um som, indicando o retorno da bola; no caso em que seja tocado o lado inferior da tela – down –, o jogo emite um som específico, diminui uma vida (linha 83) e verifica se o número restante de vidas é menor que zero. Se isso for verdade, ativará o estado end para comunicar o fim do game. Se isso não acontecer, a bola é reposicionada no centro da tela, chamando a função resetBola (linha 87).

```
90.   update:function(){
91.       this.atualizaUi();
92.
93.       if(this.esqKey.isDown)
94.           this.barra.body.velocity.x = -600 - this.nivel * 10;
95.       else if(this.dirKey.isDown)
96.           this.barra.body.velocity.x = 600 + this.nivel * 10;
97.       else
98.           this.barra.body.velocity.x = 0;
99.
100.      this.physics.arcade.collide(this.bola, this.barra,
                  this.colisao, null, this);
101.      this.physics.arcade.collide(this.bola, this.tijolos,
                  this.eliminaTijolo, null, this);
102.  },
```

O método **update**, no início, atualiza a interface do usuário, chamando a função **atuallizaUi** para, em seguida, verificar se foi pressionada alguma tecla (linhas 93-98). Então, como consequência, moverá a barra do jogador – note que a velocidade da barra também aumenta com o progresso dos níveis. As linhas seguintes (101-102) estabelecem as colisões entre a bola e barra – chamando o método **tocaBarra** – e entre a bola e os tijolos – chamando o método **eliminaTijolo**.

```
103. atualizaUi:function(){
104.     this.pontosTxt.text = 'Pontos: ' + Breakout.pontos;
105.     this.vidasTxt.text = 'Vidas: ' + this.vidas;
106.     this.nivelTxt.text = 'Nivel: ' + this.nivel;
107. },
```

AtuallizaUi atualiza os textos que mostram os pontos, as vidas e o nível do jogo.

```
108. tocaBarra:function(bola, barra){
109.    Breakout.hitAud.play();
110.    var angulo;
111.    var segmento = Math.floor((bola.x - barra.x)/15);
112.    if (segmento > 3)
113.       segmento = 3;
114.    else if (segmento < -3)
115.       segmento = -3;
116.    angulo = (segmento - 6) * 15;
117.    this.physics.arcade.velocityFromAngle(angulo, 300 +
              this.nivel*10, bola.body.velocity);
118. },
```

O método **tocaBarra** executa um som e calcula o ponto de impacto da bola na barra. São identificadas oito zonas sobre a barra de jogo. A barra longa tem 120 pixels. Dividindo o ponto de encontro da bola na barra por quinze, definimos essas oito zonas. O intervalo encontrado vai de [–3] a [3]. Por isso, o ângulo de retorno é calculado subtraindo-se 6 do valor do impacto e multiplicando por 15, de modo a obter um intervalo de [–135°] a [–45°] (Figura 12.12).

Na linha 117 é, então, calculada a nova velocidade angular da bola.

```
119. eliminaTijolo:function(bola, tijolo){
120.    tijolo.kill();
121.    this.bounceAud.play();
122.    Breakout.pontos+=10;
123.    if(this.tijolos.countLiving()==0){
124.       this.winAud.play();
125.       this.nivel++;
126.       this.novoEsquema();
127.       this.resetBola();
128.    }
129. }
130. }
```

No último método do jogo, **eliminaTijolo**, o tijolo tocado é eliminado e é executado o efeito sonoro correspondente (linhas 120-121). Os pontos são incrementados em 10. O número de tijolos ainda presentes na tela é avaliado, de modo que, se o **número** restante corresponder a zero – o que significa que todos os tijolos foram eliminados –, a música de vitória será tocada, o nível será aumentado – incrementado –, será criado um novo esquema e a bola será reposicionada no início (linhas 123-127).

12.3.7 Estado end

Figura 12.13 Tela do estado end.

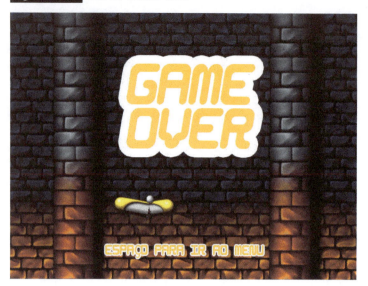

End.js

```
1.   Breakout.End = function(){}
2.
3.   Breakout.End.prototype = {
4.   create:function(){
5.       this.add.image(0,0,'background');
6.       this.add.image(0,0,'gameover');
7.
8.       var estilo1 ={font:'bold 30px Arial', fill:'#ffffff'}
9.       this.pontosTxt = this.add.text(this.world.centerX, 280,
                 'Pontos: ' + Breakout.pontos, estilo1);
10.      this.pontosTxt.setShadow(5, 5, 'rgba(0,0,0,0.8)', 3);
11.      this.pontosTxt.anchor.set(.5);
12.
13.      var space = this.input.keyboard.addKey(
                         Phaser.Keyboard.SPACEBAR);
14.      space.onDown.addOnce(this.start,this);
15.   },
16.   start: function(){
17.      Breakout.hitAud.play();
18.      Breakout.musica.stop();
```

```
19.        this.state.start('Menu');
20. }
21. }
```

Este último estado é chamado quando o jogador perde as três vidas disponíveis. Quando isso acontece, aparece a tela de Game Over e um texto, centralizado e com sombra (linhas 5-11), que mostra os pontos obtidos pelo jogador. Nas linhas 13 e 14, espera-se o pressionamento da tecla de espaço para voltar ao Menu do game, tocando o efeito sonoro e bloqueando a música.

Considerações finais

Abordamos os seguintes temas: os conceitos de um jogo de ação de tipo ball and paddle; organização dos estados de um jogo; implementação dos elementos de um game, como física, áudio, telas de menu e de fim de jogo.

Vamos praticar?

Desafio

1 Implemente as seguintes funcionalidades no jogo:

a) Um tijolo que quebre com dois toques da bola e outro tijolo indestrutível – exemplos na Figura 12.14:

Figura 12.14 Tijolo que quebra com dois golpes e tijolo indestrutível.

b) Níveis com disposição de tijolos diferentes: estabeleça em uma função que, dependendo do parâmetro – nível –, crie diferentes esquemas de tijolos. Veja como isso poderia ser otimizado com o emprego de vetores/array.

c) Cada tijolo com uma probabilidade de deixar cair um bônus quando for quebrado – os sprites dos bônus estão disponíveis no spritesheet (Figura 12.15). Assim, se o bônus for pego pela barra, o jogador deve adquirir:
  • vida extra: ganhará uma vida;
  • bola extra: aparecerá no campo de jogo.

Figura 12.15 Exemplo de bônus: vida extra e bola extra no campo.

2. Considere um bônus que transforme a bola em uma bola de fogo com poder de quebrar os tijolos um atrás do outro, ou seja, sem bater nestes e retornar. Tal poder durará apenas um tempo limitado – por exemplo, 5 segundos. Procure como mudar a tinta do sprite da bola em vermelho, por meio da propriedade sprite.tint.

Figura 12.16 Bônus bola de fogo: bônus e bola vermelha.

3. Pesquise on-line um clone do jogo Breakout ou Arkanoid. Jogue a versão que encontrar e veja algumas outras modificações para serem implementadas no game aqui elaborado.

Capítulo 13

Jogo de Plataformas

Considerações iniciais

Neste capítulo, será analisada a construção de um jogo de plataforma. Será planejado o modelo de estados do jogo, mostrados os assets gráficos e sonoros e, enfim, analisados e explicados os códigos de cada estado.

13.1 O jogo

Analisaremos a estrutura de um jogo demo chamado **Chicken Hates Cabbages**. Trata-se de um jogo de ação, do subgênero plataforma. Os jogos desse gênero apareceram no início da década de 1980. Um título que ficou famoso é **Donkey Kong**, da Nintendo, lançado em 1981. Em nosso jogo, uma galinha precisa evitar as couves-flores que entram e percorrem o esquema de jogo, coletando as frutas que aparecem em lugares pré-definidos (Figura 13.1).

Figura 13.1 Tela do jogo.

O jogo será criado segundo o modelo de estados visto no Capítulo 11. Será composto de cinco diferentes estados, como pode ser visto na Figura 13.2.

Dado que muitos elementos de programação de um jogo foram analisados no Capítulo 12, veremos aqui somente algumas particularidades que ainda não foram examinadas.

Figura 13.2 Estados e telas do jogo.

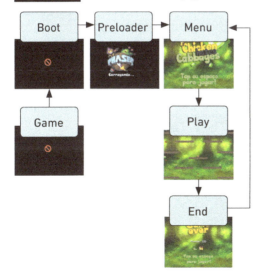

13.2 Assets

Para a criação do jogo, utilizaremos os assets indicados na Figura 13.3:

Figura 13.3 Organização do projeto.

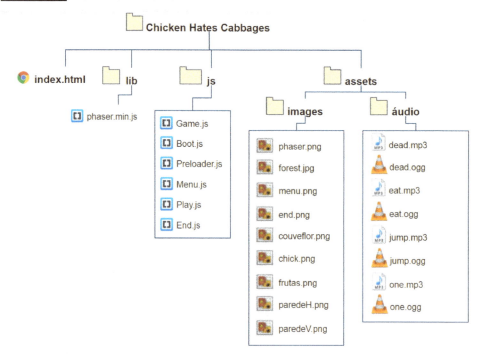

13.2.1 Imagens

O arquivo phaser.png é o logo do Phaser com a escrita "carregando", que será usado no estado de preload durante o carregamento dos outros recursos, enquanto que forest.jpg é o fundo da tela de jogo e servirá nos estados menu, play e end (Figura 13.4).

Figura 13.4 Loader e fundo do jogo.

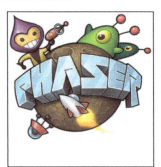 

Menu.png e end.png são imagens da tela de menu — título — e da tela do fim de jogo (Figura 13.5), elementos da interface.

Figura 13.5 Imagens de menu e fim do jogo.

Couveflor.png e chick.png são os elementos principais do jogo (Figura 13.6), e breakout.png é um spritesheet com todos os elementos (Figura 13.7).

Figura 13.6 Couve-flor e galinha.

Figura 13.7 Spritesheet com frutas e verduras.

ParedeV.png e paredeH.png são os elementos gráficos para a construção de paredes — paredeV = vertical — e plataformas — paredeH = horizontal —, como visto na Figura 13.8:

Figura 13.8 Plataforma e parede.

13.2.2 Áudio

Para a música e os efeitos sonoros foram utilizados quatro áudios em dois tipos de arquivo – ogg e mp3. Os arquivos são:

- **one:** usado como música do jogo;
- **dead:** efeito sonoro empregado para quando uma couve-flor colide com a galinha – em que o jogador perde uma vida;
- **jump:** fx usado quando a galinha pula;
- **eat:** fx para indicar que o jogador comeu uma fruta – em que o jogador ganha pontos.

13.3 O código

Analisemos os arquivos de código que compõem o jogo, lembrando da estrutura de estados que vimos anteriormente e do modelo que criamos na Figura 13.2.

13.3.1 Arquivo HTML

index.html

```
1.   <!DOCTYPE html>
2.   <html lang="en">
3.   <head>
4.       <meta charset="UTF-8">
5.       <title>Document</title>
6.       <meta name="viewport" content="width=device-width, user-
         scalable=no, initial-scale=1.0, maximum-scale=1.0, minimum-
         scale=1.0">
7.       <script src="lib/phaser.min.js"></script>
8.       <script src="js/Boot.js"></script>
9.       <script src="js/Preloader.js"></script>
10.      <script src="js/Menu.js"></script>
11.      <script src="js/Play.js"></script>
12.      <script src="js/End.js"></script>
13.      <style>
14.          *{margin:0;padding:0}
15.      </style>
16.  </head>
```

```
17. <body>
18.     <script src="js/Game.js"></script>
19. </body>
20. </html>
```

O documento é idêntico àquele do jogo anterior.

13.3.2 Criação do objeto game e dos estados

Game.js

```
1. var game = new Phaser.Game(800, 600, Phaser.AUTO, 'game');
2.
3. game.state.add('Boot', Breakout.Boot);
4. game.state.add('Preloader', Breakout.Preloader);
5. game.state.add('Menu', Breakout.Menu);
6. game.state.add('Play', Breakout.Play);
7. game.state.add('End', Breakout.End);
8.
9. game.state.start('Boot');
```

Esse código apenas altera a resolução do jogo para 800 × 600 pixels.

13.3.3 Estado boot

Boot.js

```
1.  var Chicken = {
2.      deadAud: null,
3.      musica: null,
4.      pontos: 0
5.  };
6.
7.  Chicken.Boot = function(){}
8.
9.  Chicken.Boot.prototype={
10. preload:function(){
11.     this.load.image('carregando','assets/images/phaser.png');
12. },
13. create:function(){
```

```
14.     this.physics.startSystem(Phaser.Physics.ARCADE);
15.
16.     this.scale.scaleMode = Phaser.ScaleManager.SHOW_ALL;
17.     this.scale.pageAlignHorizontally = true;
18.     this.scale.pageAlignVertically = true;
19.
20.     this.state.start('Preloader');
21. }
22. }
```

Nesse estado, definimos o objeto global do nosso jogo, **Chicken**, e inicializamos algumas variáveis globais. No **boot**, carregamos a imagem que será utilizada no **preloader** (linha 11) e estabelecemos algumas configurações padrão: ativamos o motor físico, colocamos o jogo em tela cheia e o centralizamos (linhas 15-19). Como última ação, chamamos o estado preloader.

13.3.4 Estado preloader

Figura 13.9 Tela do estado preloader.

Preloader.js

```
1.  Chicken.Preloader = function(){}
2.
3.  Chicken.Preloader.prototype = {
4.  preload:function(){
5.      var carregando = this.add.sprite(this.world.centerX,
                this.world.centerY, 'carregando');
6.      carregando.anchor.setTo(.5);
7.      this.load.setPreloadSprite(carregando);
8.
```

```
9.      this.load.image('forest', 'assets/images/forest.jpg');
10.     this.load.image('menu', 'assets/images/menu.png');
11.     this.load.image('end', 'assets/images/end.png');
12.
13.     this.load.spritesheet('chicken',
                        'assets/images/chick.png', 16, 18);
14.     this.load.image('couveflor',
                    'assets/images/couveflor.png');
15.     this.load.spritesheet('frutas', '
                'assets/images/frutas.png', 32, 32);
16.     this.load.image('parede','assets/images/paredeV.png');
17.     this.load.image('plataforma','assets/images/paredeH.png');
18.
19.     this.load.audio('musica', ['assets/audio/one.mp3',
                        'assets/audio/one.ogg']);
20.     this.load.audio('jumpAud', ['assets/audio/jump.mp3',
                        'assets/audio/jump.ogg']);
21.     this.load.audio('eatAud', ['assets/audio/eat.mp3',
                        'assets/audio/eat.ogg']);
22.     this.load.audio('deadAud', ['assets/audio/dead.mp3',
                        'assets/audio/dead.ogg']);
23. },
24. create:function(){
25.     Chicken.deadAud = this.add.audio('deadAud');
26,
27.     Chicken.musica = this.add.audio('musica');
28.     Chicken.musica.volume = .5;
29.     Chicken.musica.loop = true;
30. },
31. update:function(){
32.     if (this.cache.isSoundDecoded('musica'))
33.         this.state.start('Menu');
34. }
35. }
```

O preloader também não muda, permanece como já apresentado no capítulo anterior.

As linhas 5 a 8 estabelecem o sprite de preload, que mostrará o estado do carregamento. A partir da linha 9 até a 22 são carregadas todas as imagens, spritesheet, música e efeitos sonoros do jogo. Nas linhas 25 e 27, são carregados dois áudios, um de efeito sonoro – que será utilizado para a passagem de um estado para outro – e outro de música.

Nas linhas 28 e 29, estabelecemos o volume da música e seu toque infinito. No método update, ativamos o estado menu, de modo que apenas depois que a música estiver decodificada carregará no mesmo momento em que a tela do Menu aparecer.

13.3.5 Estado menu

Figura 13.10 Tela do estado menu.

Menu.js

```
1.   Chicken.Menu = function(){}
2.
3.   Chicken.Menu.prototype = {
4.   create:function(){
5.      var forest = this.add.image(0,0,'forest');
6.      this.add.image(0,0,'menu');
7.
8.      Chicken.musica.play();
9.
10.     forest.inputEnabled = true;
11.     forest.events.onInputDown.add(this.start, this);
12.
13.     var space = this.input.keyboard.addKey(
                    Phaser.Keyboard.SPACEBAR);
```

```
14.       space.onDown.addOnce(this.start, this);
15.    },
16.    start: function(){
17.       Chicken.deadAud.play();
18.       this.state.start('Play');
19.    }
20. }
```

A única modificação no estado menu já apresentado é a inclusão da ação de pressionar do mouse (linhas 10-11) junto ao pressionar da tecla espaço (linhas 13-14) para iniciar o jogo.

13.3.6 Estado play

Este é o estado que apresenta mais diferenças, pois é aqui que o jogo é executado.

Figura 13.11 Tela do estado play.

Play.js
```
1.  Chicken.Play = function(){}
2.
3.  Chicken.Play.prototype = {
4.    create:function(){
5.       this.nivel = 1;
6.       this.vidas = 2;
7.
8.       this.add.image(0, 0, 'forest');
9.       this.galinha = this.add.sprite(this.world.centerX, 300,
                                        'galinha');
```

Jogo de Plataformas 193

```
10.     this.galinha.animations.add('walk', [0, 1, 2], 10, false);
11.     this.galinha.anchor.setTo(0.5);
12.     this.galinha.scale.setTo(1.5);
13.
14.     this.jumpAud = this.add.audio('jumpAud');
15.     this.eatAud = this.add.audio('eatAud');
16.
17.     this.physics.arcade.enable(this.galinha);
18.     this.galinha.body.gravity.y = 2000;
19.     this.galinha.body.setSize(12, 14, 2, 4);
20.     this.galinha.body.collideWorldBounds = true;
21.
22.     this.cursors = this.input.keyboard.createCursorKeys();
23.
24.     this.criaUi();
25.     this.criaMundo();
26.     this.posicionaFrutas();
27.
28.     this.couveflores = this.add.group()
29.     this.couveflores.createMultiple(20, 'couveflor');
30.     this.physics.enable(this.couveflores);
31.     for(i = 0; i<4; i++)
32.         this.novoCouveflor(i);
33.
34.     var timerEvent = this.time.events.loop(1500,
                    this.novoCouveflor, this);
35.  },
```

No **create**, são elaborados e posicionados todos os elementos do jogo.

Nas linhas 5 e 6, criamos as variáveis para memorizar o nível e as vidas. Nas linhas sucessivas (8-15), desenvolvemos o fundo do jogo, o sprite do jogador – galinha –, a sua escala e a animação, para depois instanciar os efeitos sonoros.

Nas linhas 17 a 20, a física é aplicada ao sprite do jogador. Para isso, é inserido o efeito de gravidade, redimensionado o espaço de colisão do sprite, e a colisão com a borda do mundo de jogo é ativada. Em seguida, o objeto **cursors** é criado para registrar os inputs do jogador.

Nas linhas seguintes, são chamadas algumas funções: a **criaUi** para criar a interface de usuário – texto com pontos, vidas e nível; **criaMundo** para elaborar as paredes e plataformas; e **posicionaFrutas** para posicionar a fruta no esquema.

Na linha 28, um grupo é criado para memorizar as couves-flores e, na linha 30, são concebidas vinte instâncias de sprite de couve-flor. Em seguida, a física é habilitada no grupo e são instanciados quatro elementos do grupo, chamando o método **novoCouveflor**.

Um gerador de eventos também é instanciado a cada segundo e meio, chamando a função novoCouveflor e ativando um novo inimigo na tela. Note que o método novoCouveflor é chamado, no for, com a passagem de um parâmetro; mas no gerador de eventos é chamado sem parâmetros – veremos mais à frente como o método gerência isso.

```
36.    criaUi:function(){
37.        var estilo = { font: '18px Arial', fill: '#ffffff' };
38.        this.vidasTxt = this.add.text(700, 30, 'Vidas: ' +
                                          this.vidas, estilo);
39.        this.nivelTxt = this.add.text(30, 30, 'Nivel: ' +
                                          this.nivel, estilo);
40.        this.pontosTxt = this.add.text(this.world.centerX, 30,
                    'Pontos: ' + Chicken.pontos, estilo);
41.        this.pontosTxt.anchor.setTo(.5,0);
42.    },
```

O método **criaUi** cria três elementos de texto para mostrar os dados de jogo.

```
43.    criaMundo:function(){
44.        this.paredes = this.add.group();
45.        // paredes em cima
46.        this.paredes.create(0, 0, 'plataforma');
47.        this.paredes.create(200, 0, 'plataforma');
48.        this.paredes.create(400, 0, 'plataforma');
49.        this.paredes.create(600, 0, 'plataforma');
50.        // paredes em baixo
51.        this.paredes.create(0, 580, 'plataforma');
52.        this.paredes.create(200, 580, 'plataforma');
53.        this.paredes.create(400, 580, 'plataforma');
54.        this.paredes.create(600, 580, 'plataforma');
55.        // paredes laterais
56.        this.paredes.create(0, 60, 'parede');
57.            this.paredes.create(0, 330, 'parede');
58.        this.paredes.create(780, 60, 'parede');
59.        this.paredes.create(780, 330, 'parede');
```

```
60.     // esquema
61.     this.paredes.create(600, 520, 'plataforma');
62.     this.paredes.create(0, 520, 'plataforma');
63.
64.     this.paredes.create(450, 420, 'plataforma');
65.     this.paredes.create(150, 420, 'plataforma');
66.
67.     this.paredes.create(300, 320, 'plataforma');
68.
69.     this.paredes.create(0, 260, 'plataforma');
70.     this.paredes.create(600, 260, 'plataforma');
71.
72.     this.paredes.create(150, 150, 'plataforma');
73.     this.paredes.create(450, 150, 'plataforma');
74.
75.     this.paredes.create(600, 60, 'plataforma');
76.     this.paredes.create(0, 60, 'plataforma');
77.
78.     this.physics.enable(this.paredes);
79.     this.paredes.setAll('body.immovable', true);
80.   },
```

O método **criaMundo** coloca as paredes e plataformas do jogo. Nas linhas 78 e 79, habilita a física no grupo e estabelece que todos os elementos sejam imóveis.

```
81.   posicionaFrutas:function(){
82.     this.frutas = this.add.group();
83.
84.     var posicao = [
85.         // 1 linha
86.         {x: 60, y: 160}, {x: 400, y: 80}, {x: 740, y: 160},
87.         // 2 linha
88.         {x: 60, y: 340}, {x: 400, y: 480}, {x: 740, y: 340},
89.         // 3 linha
90.         {x: 60, y: 560}, {x: 740, y: 560},
91.     ];
92.     for (var i = 0; i < posicao.length; i++)
93.         this.frutas.create(posicao[i].x, posicao[i].y,
               'frutas', frutaArray[(this.nivel - 1) % 10]);
```

```
94.         this.frutas.setAll('anchor.x', .5);
95.         this.frutas.setAll('anchor.y', .5);
96.         this.frutas.setAll('scale.x', .8);
97.         this.frutas.setAll('scale.y', .8);
98.
99.         this.physics.arcade.enable(this.frutas);
100. },
```

Na linha 84, criamos um array de objetos que contêm as coordenadas das posições da fruta no esquema. Nas linhas 92 a 99, colocaremos as frutas na posição estabelecida e o tipo de fruta dependendo do nível – centralizando, escalando e habilitando a física.

```
101. novoCouveflor:function(dir){
102.     var couveflor = this.couveflores.getFirstDead();
103.     if (!couveflor)
104.         return;
105.
106.     couveflor.anchor.setTo(.5);
107.     couveflor.body.gravity.y = 500;
108.     couveflor.body.bounce.setTo(1, .4);
109.     couveflor.checkWorldBounds = true;
110.     couveflor.outOfBoundsKill = true;
111.
112.     var entradas = [
113.         {x:0, y:50, dir:1},
114.         {x:800, y:50, dir:-1},
115.         {x:0, y:300, dir:1},
116.         {x:800, y:300, dir:-1}
117.     ];
118.
119.     if(dir == undefined)
120.         dir = this.rnd.pick([0, 1, 2, 3]);
121.     couveflor.reset(entradas[dir].x, entradas[dir].y);
122.     couveflor.body.velocity.x = entradas[dir].dir * 100;
123. },
```

Como vimos no Capítulo 9, esse método gerencia a criação de um pool de sprites.

Nas linhas 102 a 104, a primeira couve-flor do grupo é recuperada e, se não existir, o programa sairá da função sem continuar. À couve-flor é atribuído efeito gravitacional, com valores de retorno definidos para quando bater nas paredes/plataformas – o valor 1 na x indica que, quando bater na parede, deve retornar com a mesma velocidade, enquanto que o valor 0.4 na coordenada y indica que cada vez que a couve-flor cair sobre uma plataforma deve retornar com uma velocidade diminuída).

Nas linhas 112 a 117, definimos um vetor de objetos indicantes às entradas das couves-flores – em correspondências às aberturas nas paredes do jogo. Cada posição tem valores x e y e a direção de movimento (1 = para direita, 0 = para esquerda).

Vale ressaltar que o método recebe um parâmetro chamado **dir**. Na linha 119, é verificado se um parâmetro foi efetivamente passado ao método. Em caso negativo, o método escolhe aleatoriamente uma entrada. Nas linhas seguintes, reposiciona a couve-flor no x e y daquela entrada com a direção correspondente.

No início do jogo, tal método é chamado, passando os valores 0, 1, 2 e 3, com o resultado de criar quatro couves-flores entrando pelas quatro entradas. Quando o método é sucessivamente chamado a cada 1,5 segundo, escolhe aleatoriamente a entrada.

```
124. update:function(){
125.    this.atualizaUi();
126.
127.    this.physics.arcade.overlap(this.galinha, this.frutas,
                                    this.come, null, this);
128.    this.physics.arcade.overlap(this.couveflores,
            this.galinha, this.mata, null, this);
129.    this.physics.arcade.collide(this.galinha, this.paredes);
130.    this.physics.arcade.collide(this.couveflores, this.paredes);
131.
132.    if(this.cursors){
133.        if(this.cursors.left.isDown) {
134.            this.galinha.body.velocity.x = -200;
135.            this.galinha.scale.x=-1.5;
136.            this.galinha.animations.play('walk');
137.        }
138.        else if(this.cursors.right.isDown) {
139.            this.galinha.body.velocity.x = 200;
140.            this.galinha.scale.x=1.5;
141.            this.galinha.animations.play('walk');
142.        }
143.        else{
144.             this.galinha.body.velocity.x = 0;
```

```
145.        this.galinha.frame=0;
146.    }
147.
148.    if(this.cursors.up.isDown && his.galinha.body.touching.down){
149.        this.galinha.body.velocity.y = -700;
150.        this.jumpAud.play();
151.    }
152.
153.    if(!this.galinha.body.touching.down)
154.        this.galinha.frame = 3;
155.    }
156.
157. },
```

O método **update**, no início, atualiza a interface do usuário, chamando a função **atuallizaUi** para depois verificar as colisões entre os elementos (linhas 127-130):

- **galinha e frutas:** se acontecer, significa que a galinha comeu uma fruta, ação que é chamada de método come;
- **galinha e couves-flores:** se acontecer, significa que a galinha foi atingida por uma couve-flor, sendo chamado de método mata;
- **galinha e paredes:** para a galinha andar sobre as plataformas e não passar através das paredes;
- **couves-flores e paredes:** para as couves-flores não passarem através das paredes e plataformas.

A parte restante do código já foi vista em capítulos anteriores, uma vez que analisa o objeto cursors e move, como consequência, o sprite do jogador.

```
158. atualizaUi:function(){
159.    this.vidasTxt.text = 'Vidas: ' + (this.vidas >= 0 ?
                                         this.vidas : 0);
160.    this.nivelTxt.text = 'Nivel: ' + this.nivel;
161.    this.pontosTxt.text = 'Pontos: ' + Chicken.pontos;
162. },
```

AtuallizaUi atualiza os textos que mostram os pontos, as vidas e o nível do jogo. Vale ressaltar que, para não mostrar vidas negativas, usamos um operador ternário (? :) que consiste na seguinte estrutura:

```
variável = condição ? retorno1 : retorno2;
```

Esse operador tem o seguinte funcionamento: antes do ponto interrogativo há uma condição que, se for verdadeira, faz retornar o valor que segue o ponto de interrogação; caso contrário, retornará o valor que segue os dois pontos.

Na linha 159, se as vidas forem maiores ou iguais a zero, o programa imprimirá o valor das vidas; caso contrário, imprimirá zero.

```
163. come:function(s1, s2){
164.     s2.kill();
165.     Chicken.pontos += 10;
166.     this.eatAud.play();
167.     if(this.frutas.countLiving() == 0){
168.         this.nivel++;
169.         this.posicionaFrutas();
170.         this.novoNivel();
171.     }
172. },
```

Come é o método chamado quando a galinha come uma fruta. Os parâmetros que recebem são os elementos que entram em colisão, pela ordem: a galinha e a fruta. Por isso, na linha 164, a fruta é eliminada do jogo. A pontuação é incrementada em 10, um efeito sonoro é tocado e, se não houver mais frutas em jogo (linha 167), significa que o nível foi finalizado e, por consequência, será aumentado; assim, ao reposicionarmos novas frutas, chamamos a função **novoNivel**.

```
173. mata:function(s1, s2){
174.     if(!this.galinha.alive) return;
175.     Chicken.deadAud.play();
176.     this.vidas--;
177.     this.galinha.angle=-90;
178.     this.galinha.frame = 3;
179.     this.galinha.alive = false;
180.     this.galinha.body.velocity.x=0;
181.     this.galinha.body.velocity.y=-600;
182.     this.galinha.scale.x = 1.5;
183.     this.galinha.body.checkCollision.down=false;
184.
185.     this.cursors = null;
186.
187.     if(this.vidas >=0)
188.         this.time.events.add(1000, this.novoNivel, this);
189.     else
190.         this.time.events.add(1000, function(){
191.             this.state.start('End');
192.         }, this);
193. },
```

A função **mata** é invocada quando galinha e couve-flor colidem. Nesse caso, verificamos se a galinha está ativa e, se for o caso, tocamos o efeito sonoro, diminuímos as vidas e viramos a galinha de papo para o ar (linhas 175-178). Desativamos o sprite da galinha por um pequeno período – a fim de evitar que entre em colisão com outros elementos –, bloqueamos a velocidade x e decrementamos em 600 a velocidade y, para simular um efeito de pulo. Na linha 183, desabilitamos a colisão da parte inferior da galinha para simular uma queda – a gravidade leva a galinha, depois de ter pulado, até o fundo da tela. Anulamos o objeto cursors – para não receber mais inputs do jogador – e verificamos se temos mais vidas. Se houver mais vidas, o método **novoNivel** é chamado depois de 1 segundo, reposicionando a galinha no centro da tela e reativando colisão e input via teclado; caso contrário, será chamado o estado end.

```
194. novoNivel:function(){
195.     this.galinha.position.setTo(this.world.centerX, 300);
196.     this.galinha.angle=0;
197.     this.galinha.alive=true;
198.     this.galinha.body.checkCollision.down = true;
199.
200.     this.cursors = this.input.keyboard.createCursorKeys();
201. }
202. }
```

Tal método posiciona a galinha no ponto de início, restabelece algumas características, tais como o ângulo e a colisão com o fundo do sprite, além de reativar o teclado.

13.3.7 Estado end

Figura 13.12 Tela do estado end.

End.js

```
1.   Chicken.End = function(){}
2.
3.   Chicken.End.prototype = {
4.   create:function(){
5.       var forest = this.add.image(0, 0, 'forest');
6.       this.add.image(0,0,'end');
7.
8.       forest.inputEnabled = true;
9.       forest.events.onInputDown.add(this.start, this);
10.
11.      var estilo1 ={font:'bold 30px Arial', fill: '#ffffff'}
12.      this.pontosTxt = this.add.text(this.world.centerX, 290,
                   'Pontos: ' + Chicken.pontos, estilo1);
13.      this.pontosTxt.setShadow(3, 3, 'rgba(0,0,0,0.8)', 3);
14.      this.pontosTxt.anchor.set(.5);
15.
16.      var space = this.input.keyboard.addKey(
                              Phaser.Keyboard.SPACEBAR);
17.      space.onDown.addOnce(this.start, this);
18.  },
19.  start: function(){
20.      Chicken.deadAud.play();
21.      Chicken.musica.stop();
22.      this.state.start('Menu');
23.  }
24.  }
```

O estado **end** desse jogo é muito parecido ao do jogo anterior: apresenta uma tela de fim do game com a pontuação obtida. Clicando ou tocando na tela, ou ainda pressionando a tecla de espaço, o jogo voltará ao menu, tocando o efeito sonoro e bloqueando a música – visto que no menu será tocada novamente.

Considerações finais

Abordamos os seguintes temas: conceitos de um jogo de tipo plataforma; organização dos estados de um jogo; implementação dos elementos de jogo: física, áudio, tela de menu e de fim do game.

Vamos praticar?

Desafios

1. Implemente as seguintes funcionalidades no jogo:

   a) A galinha pode pular em cima da fruta, antes de comê-la. Eliminar a colisão da parte superior da fruta para evitar esta característica indesejada.

   b) Depois de comer todo o conjunto de frutas ou depois de perder uma vida, a galinha começará a nova fase no centro da tela, na posição originária. Tente colocar um texto com um período de exibição de alguns segundos para avisar sobre a nova posição – algo como "Pronto?", tal como feito no jogo anterior (quando a bola é reposicionada no centro da tela).

   c) Modificar aleatoriamente a velocidade das couves-flores na fase de criação, entre um determinado intervalo.

   d) Estabelecer que as couves-flores colidam entre si.

   e) Diferenciar os esquemas, escondendo algumas plataformas, mas ter cuidado para deixar sempre todas as frutas acessíveis.

   f) Elaborar um nível boss em que, além das normais dificuldades, "chovam" couves-flores na tela, em posição x aleatória e aceleradas pela gravidade.

2. Faça aparecer uma pimenta em uma locação fixa na tela em intervalos aleatórios, de modo que a galinha, comendo a pimenta, adquira superpoderes por um tempo limitado, por exemplo, durante 5 segundos (Figura 13.13). Tais superpoderes aumentam a velocidade da galinha e permitem que coma as couves-flores. Assim, pesquise como mudar a cor da galinha para vermelho.

   Figura 13.13 Pimenta e galinha com superpoderes.

3. Pesquise on-line um clone do jogo **Donkey Kong**. Jogue a versão que encontrar e veja algumas outras modificações para serem implementadas no game aqui elaborado.

Capítulo 14

Jogo de Tiro

Considerações iniciais

Neste capítulo, será analisada a construção de um jogo de tiro. Será planejado o modelo de estados do jogo, mostrados os assets gráficos e sonoros e, enfim, analisado e explicado o código de cada estado.

14.1 O jogo

Neste capítulo, analisaremos a estrutura de um jogo demo chamado **Alien Invasion**. Trata-se de um game de tiro – shooter –, gênero que tem como foco principal atirar projéteis em inimigos. Em 1978, o jogo **Space Invaders** tornou esse gênero muito popular.

No game, uma nave espacial deve eliminar as naves inimigas e evitar os lasers que disparam (Figura 14.1).

Figura 14.1 Tela do jogo.

Neste jogo, utilizaremos apenas dois estados: menu e play (Figura 14.2). Veremos também uma diferente articulação dos arquivos: todo o código do jogo ficará dentro de um único arquivo, o qual chamaremos de game.js.

Figura 14.2 Estados e telas do jogo.

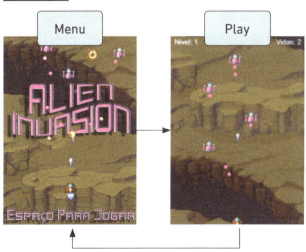

14.2 Assets

Para a criação do jogo, utilizaremos os assets indicados na Figura 14.3:

Figura 14.3 Organização do projeto.

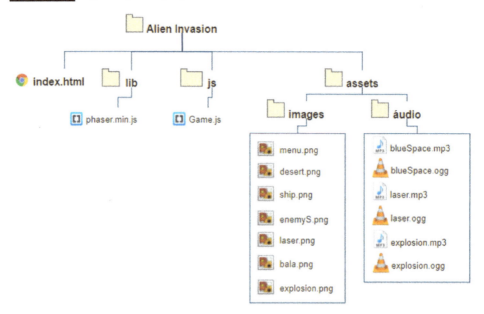

14.2.1 Imagens

Na Figura 14.4, podemos ver o menu e o **background** de jogo:

Figura 14.4 Menu e background do jogo.

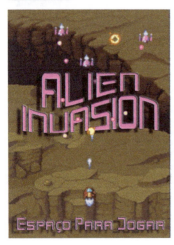

Ship.png e enemys.png são as naves espaciais do jogador e dos inimigos (Figura 14.5). Laser.png, bala.png e explosion.png são, respectivamente, o laser do jogador, as balas das naves inimigas e uma animação da explosão (Figura 14.6).

Figura 14.5 Nave espacial do jogador e dos inimigos.

Figura 14.6 Spritesheet de laser, balas e explosão.

14.2.2 Áudio

Para a música e os efeitos sonoros, foram utilizados três áudios em dois tipos de arquivo: ogg e mp3, de modo que os arquivos são:

- **bluespace:** música do jogo;
- **laser:** fx usado quando a nave espacial do jogador dispara;
- **explosão:** quando um inimigo ou o jogador é acertado.

14.3 O código

Analisemos os arquivos de código que compõem o jogo.

14.3.1 Arquivo HTML

index.html

```
1.   <!DOCTYPE html>
2.   <html lang="en">
3.   <head>
4.      <meta charset="UTF-8">
5.      <title>Document</title>
6.      <meta name="viewport" content="width=device-width, user-
     scalable=no, initial-scale=1.0, maximum-
     scale=1.0, minimum-scale=1.0">
7.      <script src="lib/phaser.min.js"></script>
8.      <style>
```

```
9.          *{margin:0;padding:0}
10.     </style>
11. </head>
12. <body>
13.     <script src="js/Game.js"></script>
14. </body>
15. </html>
```

O documento é parecido com aqueles do jogo anterior, com o fato de que temos um único arquivo JavaScript.

14.3.2 Estado menu

Game.js

```
1.  var Invasion = {
2.      musica:null,
3.      laserAud:null
4.  };
5.
6.  Invasion.Menu = function(){}
7.
8.  Invasion.Menu.prototype = {
9.  preload:function(){
10.     this.load.image('bg', 'assets/images/desert.png');
11.     this.load.image('menu', 'assets/images/menu.png');
12.     this.load.spritesheet('ship', 'assets/images/ship.png', 16, 24);
13.     this.load.spritesheet('inimigo',
                'assets/images/enemyS.png', 16, 16);
14.     this.load.spritesheet('laser',
                'assets/images/laser.png', 5, 13);
15.     this.load.spritesheet('bala', 'assets/images/bala.png', 5, 5);
16.     this.load.spritesheet('explosao',
                'assets/images/explosion.png',16, 16);
17.
18.     this.load.audio('musica',
                    ['assets/audio/blueSpace.mp3',
                    'assets/audio/blueSpace.ogg']);
19.     this.load.audio('laserAud', ['assets/audio/laser.mp3',
                'assets/audio/laser.ogg']);
```

```
20.     this.load.audio('explosaoAud',
                    ['assets/audio/explosion.mp3',
                    'assets/audio/explosion.ogg']);
21. },
```

Nesse trecho de código, podemos ver a inicialização do objeto global **invasion** e as variáveis que instanciaremos e comuns aos dois estados do jogo. Visto que não temos boot e preloader, no estado menu carregaremos todos os recursos que precisamos (linhas 10-20).

```
22. create: function(){
23.     Invasion.laserAud = this.add.audio('laserAud');
24.     Invasion.musica = this.add.audio('musica');
25.
26.     this.add.image(0,0,'menu');
27.
28.     this.physics.startSystem(Phaser.Physics.ARCADE);
29.     this.scale.scaleMode = Phaser.ScaleManager.SHOW_ALL;
30.     this.scale.pageAlignHorizontally = true;
31.     this.scale.pageAlignVertically = true;
32.
33.     var space = this.input.keyboard.addKey(
                            Phaser.Keyboard.SPACEBAR);
34.     space.onDown.addOnce(this.start, this);
35.
36.     Invasion.musica.loop = true;
37.     Invasion.musica.play();
38.     Invasion.laserAud.volume = .05;
39. },
```

No método **create**, são instanciados os áudios, a imagem de background; o motor físico é inicializado; o jogo é centralizado e colocado em tela cheia. Nas linhas 33 e 34, é estabelecido um observador da tecla espaço, executando o método start quando pressionada. Nas últimas linhas (36-38), são ajustadas algumas características do áudio e executada a música do jogo.

```
40. start: function(){
41.     Invasion.laserAud.play();
42.     this.state.start('Play');
43. }
44. }
```

O método start toca um efeito sonoro e passa ao estado play.

14.3.3 Estado play

Figura 14.7 Tela do estado play.

Game.js

```
45.  Invasion.Play = function(){}
46.
47.  Invasion.Play.prototype = {
48.  create:function(){
49.      this.explosaoAud = this.add.audio('explosaoAud');
50.
51.      this.bg = this.add.tileSprite(0, 0, 200, 272, 'bg');
52.
53.      this.ship = this.add.sprite(this.world.centerX, 250, 'ship');
54.      this.ship.anchor.setTo(.5, 0);
55.      this.physics.enable(this.ship);
55.      this.ship.body.setSize(14, 15, 1, 0);
57.          this.ship.body.collideWorldBounds = true;
58.
59.      // animação ship
60.      this.ship.animations.add('center', [2,7], 10, false);
```

```
61.     this.ship.animations.add('left', [1,6], 10, false);
62.     this.ship.animations.add('right', [3,8], 10, false);
63.
64.     this.vidas = 2;
65.     this.pontos = 0;
66.     this.nivel = 1;
67.     this.criaUi();
68.
69.     // criar grupos
70.     this.criaGrupoInimigos();
71.     this.criaGrupoExplosao();
72.     this.criaGrupoLaser();
73.     this.criaGrupoBalas();
74.
75.     // teclado
76.     this.leftKey = this.input.keyboard.addKey(
                            Phaser.Keyboard.LEFT);
77.     this.rightKey = this.input.keyboard.addKey(
                            Phaser.Keyboard.RIGHT);
78.     this.spaceKey = this.input.keyboard.addKey(
                            Phaser.Keyboard.SPACEBAR);
79.
80.     this.time.events.loop(1000 - this.nivel * 5,
                            this.novoInimigo, this);
81.     this.time.events.loop(1000 - this.nivel * 5,
                            this.atiraInimigo, this);
82.
83.  },
```

No **create** instanciamos um efeito áudio que até então não havia sido utilizado e colocamos a imagem de fundo junto como aquela da nave espacial do jogador – ship. A imagem de fundo é carregada como uma **tilesprite**, um elemento também inédito nesta publicação.

Um objeto **tilesprite** usa um sprite de modo repetido, como se fosse um tile. É necessário definir a zona retangular e o nome da imagem que servirá como fundo.

```
tileSprite = game.add.tileSprite(x1, y1, x2, y2, 'nomeInterno');
```

Exemplo 14.1
```
var bg = game.add.tileSprite(0, 0, 200, 272, 'bg');
```

Como podemos ver na Figura 14.8, definimos uma zona retangular – que pode ser menor do que a dimensão da imagem –, indo da coordenada (0, 0) até (200, 272).

Podemos mover o tileSprite mediante a propriedade tileosition:

```
tileSprite.tilePosition.x
tileSprite.tilePosition.y
```

Exemplo 14.2

```
bg.tilePosition.y += 0.5;
```

Neste caso, aumentamos de 0,5 a y do tilesprite, criando um efeito de scrolling.

Figura 14.8 Funcionamento do tilesprite (em amarelo, a vista da tela de jogo).

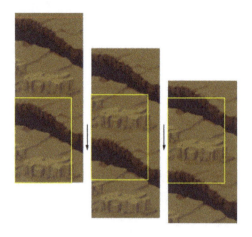

Nas linhas 59-62, criamos as diferentes animações para a nave. Neste jogo, praticamente todos os elementos têm animações de dois frames. Em seguida, inicializamos algumas variáveis e criamos a interface de usuário.

Outro ponto característico desse jogo é que usaremos diferentes pools de sprites para implementar o grupo de inimigos, as explosões, os lasers da nave do jogador e as balas das naves inimigas. Os métodos das linhas 70 a 73 criam tais grupos.

Nas linhas 76 a 78, estabelecemos três observadores nas teclas, como seta para a esquerda, seta para a direita e barra de espaço.

Enfim, criamos dois geradores de eventos, de modo que, a que cada segundo – menos um valor calculado em função do nível –, coloca um inimigo novo em jogo e ativa uma rotina de disparo.

```
84.    criaUi:function(){
85.       var estilo = { font: '10px Arial', fill: '#ffffff' };
86.       this.vidasTxt = this.add.text(190, 5, Vidas: ' +
                                        this.vidas, estilo);
87.       this.vidasTxt.anchor.setTo(1, 0);
```

```
88.        this.nivelTxt = this.add.text(10, 5, 'Nivel: ' +
                            this.nivel, estilo);
89.        this.pontosTxt = this.add.text(this.world.centerX, 5,
                             'Pontos: ' + this.pontos, estilo);
90.        this.pontosTxt.anchor.setTo(.5, 0);
91.    },
```

O método **criaUi** elabora três elementos de texto para mostrar os dados de jogo.

```
92.    criaGrupoInimigos:function(){
93.        this.inimigos = this.add.group()
94.        this.inimigos.createMultiple(10, 'inimigo', 0);
95.        this.physics.enable(this.inimigos);
96.        this.inimigos.callAll('anchor.setTo', 'anchor', .5, 1);
97.        this.inimigos.setAll('checkWorldBounds', true);
98.        this.inimigos.setAll('outOfBoundsKill', true);
99.
100.       this.inimigos.callAll('animations.add', 'animations',
                           'anim', [0,1], 10, true);
101.       this.inimigos.callAll('animations.play', 'animations',
                                 'anim');
102.   },
```

Nesse método, é criado um **pool** de dez inimigos, sendo inicializada a física para o grupo e estabelecidas algumas propriedades mediante os métodos **callAll** e **setAll**. **CallAll** chama um método para todos os elementos do grupo. Por exemplo:

```
this.inimigos.callAll('anchor.setTo', 'anchor', .5, 1);
```

Executa para todos os inimigos o método setTo do atributo anchor e passa os valores .5 e 1.

Nas últimas duas linhas, são criadas e executadas as animações: uma animação entre os frames 0 e 1, dez vezes por segundo e executando sem parar – o valor true do parâmetro final.

```
103. criaGrupoExplosao:function(){
104.       this.explosoes = this.add.group();
105.       this.explosoes.createMultiple(30, 'explosao');
106.       this.explosoes.callAll('anchor.setTo', 'anchor', .5);
107.       this.explosoes.callAll('animations.add', 'animations',
                                  'explode');
108. },
```

Nesta parte de código, é criado o pool de explosões, trinta delas, e a respectiva animação.

```
109. criaGrupoLaser:function(){
110.     this.lasers = this.add.group()
111.     this.lasers.createMultiple(10, 'laser',0);
112.     this.physics.enable(this.lasers);
113.     this.lasers.callAll('anchor.setTo', 'anchor', .5, 1);
114.     this.lasers.setAll('checkWorldBounds', true);
115.     this.lasers.setAll('outOfBoundsKill', true);
116.
117.     this.lasers.callAll('animations.add', 'animations',
                             'anim', [0,1], 20, true);
118.     this.lasers.callAll('animations.play', 'animations', 'anim');
119.
120.     this.lasers.intervalo = 300;
121.     this.lasers.proximo = 0;
122. },
```

Nestas linhas de código, é criado o pool de lasers. São elaboradas duas variáveis relativas ao grupo: uma para armazenar o intervalo entre o disparo de um laser e outro; e uma segunda variável para sinalizar em qual tempo será disparado o próximo laser. Os lasers têm estabelecidas as propriedades **checkWorldBouds** e **outOfBoundsKill**, a fim de serem eliminados – kill – automaticamente quando sair da borda da tela do jogo.

```
123. criaGrupoBalas:function(){
124.     this.balas = this.add.group()
125.     this.balas.createMultiple(20, 'bala',0);
126.     this.physics.enable(this.balas);
127.     this.balas.callAll('anchor.setTo', 'anchor', .5, 0);
128.     this.balas.setAll('checkWorldBounds', true);
129.     this.balas.setAll('outOfBoundsKill', true);
130.
131.     this.balas.callAll('animations.add',
                             'animations', 'anim', [0,1], 20, true);
132.     this.balas.callAll('animations.play', 'animations', 'anim');
133. },
```

Aqui é criado o pool das balas dos inimigos e relativa animação.

```
134. novoInimigo:function(){
135.     var inimigo = this.inimigos.getFirstDead();
```

```
136.    if (!inimigo) return;
137.    inimigo.reset(this.rnd.between(8, 192), 0);
138.    inimigo.body.velocity.y = 40;
139. },
```

O método **create** chama o recurso **novoInimigo** mais ou menos uma vez por segundo – dependendo do nível. Tal função reseta, se existir, um inimigo desativado, colocando-o na parte superior da tela em uma coordenada x aleatória, assinando uma velocidade vertical.

```
140. atiraInimigo:function(){
141.    this.inimigos.forEachAlive(function(inimigo){
142.        if(this.game.rnd.frac()>.5 && inimigo.y<200)
143.            var bala = this.balas.getFirstDead();
144.        if (!bala) return;
145.        bala.reset(inimigo.x, inimigo.y);
146.        this.physics.arcade.moveToObject(bala, this.ship, 50);
147.    },this);
148. },
```

O método **atiraInimigo** é chamado também no **create** uma vez por segundo, sendo associado ao método f**orEachAlive** e com a seguinte sintaxe:

```
grupo.forEachAlive(função, this);
```

Para cada inimigo ativo – alive – no grupo é executada uma função anônima que recebe como parâmetro o elemento do grupo. Na linha 142, em 50% dos casos e se o inimigo estiver em uma altura menor de 200 pixels, disparará uma bala. Assim, é recuperada uma bala do pool de balas e resetada no x e y do inimigo. Em seguida, calcula-se a direção até a nave do jogador com uma velocidade de 50, por meio do método `moveToObject`.

```
game.physics.arcade.moveToObject(sprite, objetivo, velocidade);
```

Este método calcula o movimento do sprite para alcançar o objetivo com a velocidade especificada.

```
149. update:function(){
150.    this.bg.tilePosition.y += 0.5;
151     this.atualizaUi();
152.
153.    this.physics.arcade.overlap(this.lasers, this.inimigos,
                    this.eliminaInimigo, null, this);
154.    this.physics.arcade.overlap(this.lasers, this.balas,
                    this.eliminaInimigo, null, this);
```

```
155.    this.physics.arcade.overlap(this.balas, this.ship,
                this.eliminaShip, null, this);
156.    this.physics.arcade.overlap(this.inimigos, this.ship,
                this.eliminaShip, null, this);
157.    // movimentos
158.    if(this.leftKey.isDown){
159.        this.ship.body.velocity.x = -100;
160.        this.ship.animations.play('left');
161.    }
162.    else if(this.rightKey.isDown){
163.        this.ship.body.velocity.x = 100;
164.        this.ship.animations.play('right');
165.    }
166.    else{
167.        this.ship.body.velocity.x = 0;
168.        this.ship.animations.play('center');
169.    }
170.    if(this.spaceKey.isDown && this.ship.alive){
171.        this.atira();
172.    }
173. },
```

Na linha 150 do método update, aumentamos 0.5 a y do tileSprite, movendo o fundo e criando o efeito de **scrolling**, de modo que na linha seguinte atualizamos a interface do usuário. Nas linhas sucessivas, verificamos as colisões entre elementos (linhas 153-156), a saber:

- **lasers e inimigos:** se acontecer, significa que um laser atingiu um inimigo e é chamado o método eliminaInimigo;
- **lasers e balas:** se acontecer, significa que um laser atingiu uma bala e é chamado o método eliminaInimigo;
- **balas e ship:** a nave do jogador é atingida por uma bala dos inimigos e é chamado o método eliminaShip;
- **inimigos e ship:** a nave do jogador colide com uma nave dos inimigos e é chamado o método eliminaShip.

A parte restante do código foi vista em capítulos anteriores, tendo por função analisar o objeto cursors e mover, como consequência, o sprite do jogador, de modo que, quando este pressionar a barra de espaço – se a nave for ativa –, será chamado o método atira.

```
174. atualizaUi:function(){
175.    this.vidasTxt.text = 'Vidas: ' +
                (this.vidas >= 0 ? this.vidas : 0);
```

```
176.        this.nivelTxt.text = 'Nivel: ' + this.nivel;
177.        this.pontosTxt.text = 'Pontos: ' + this.pontos;
178. },
```

AtuallizaUi atualiza os textos que mostram os pontos, as vidas e o nível do jogo.

```
179. eliminaInimigo: function(laser, objeto){
180.     if(this.inimigos.children.indexOf(objeto) > -1){
181.         // se o objeto for um inimigo
182.         this.explosaoAud.play();
183.         this.pontos +=10;
184.         this.contaInimigos++;
185.         if(this.contaInimigos>=10){
185.             this.nivel++;
187.             this.contaInimigos = 0;
188.         }
189.     }
190.     else{
191.         // se o objeto for uma bala
192.         this.pontos +=1;
193.     }
194.     laser.kill();
195.     objeto.kill();
196.     var explosao = this.explosoes.getFirstDead();
197.     explosao.reset(objeto.x, objeto.y);
198.     explosao.play('explode', 30, false, true);
199. },
```

Este método pode ser chamado no caso de um laser colidir com uma bala ou com um inimigo. Na linha 180, testamos se o objeto recebido faz parte do conjunto de inimigos utilizando tal estrutura:

```
grupo.children.indexOf(objeto);
```

Essa instrução retorna o índice de posição do objeto no grupo (um valor entre zero e o número de elementos – 1) ou o valor –1 se o objeto não pertence ao grupo.

Se o objeto for um inimigo, será executada a animação de explosão, de modo que a pontuação será aumentada em 10 e o contador de inimigos acertados, incrementado. Quando esse contador alcançar o total de 10, o jogador passará de nível – aumentando a dificuldade.

Se o objeto for uma bala, será somado apenas um ponto ao score do jogador.

Nas linhas 194 a 198, o laser e o objeto são eliminados do jogo, e um efeito de explosão é executado.

Vale ressaltar o modo de executar esta animação:

```
explosao.play('explode', 30, false, true);
```

Nesta instrução, é usado um atalho: em vez de escrever **explosão.animations.play**, empregamos simplesmente **play**. Há outras coisas para anotar, vejamos: o primeiro parâmetro é o nome da animação; e o segundo, é o tempo de execução; **false** indica que a animação não deve ser repetida. O último parâmetro, que na maior parte dos casos é omitido, sinaliza que, depois de a animação ser executada, o sprite deve ser eliminado automaticamente – como se fosse chamado um método **kill**.

```
200. eliminaShip:function(objeto,ship){
201.     // objeto pode ser inimigo ou bala
202.     this.explosaoAud.play();
203.     this.vidas--;
204.     objeto.kill();
205.     ship.kill();
206.     var explosao = this.explosoes.getFirstDead();
207.     explosao.reset(ship.x, ship.y);
208.     explosao.play('explode', 30, false, true);
209.
210.     this.time.events.add(Phaser.Timer.SECOND * 2,
                             this.inicializa, this);
211. },
```

EliminaShip é chamado quando uma bala ou nave inimiga toca o sprite do jogador. Não é importante saber quem tocou, pois de qualquer forma o jogador perderá uma vida.

O efeito sonoro de explosão será, então, executado. Uma vida será subtraída e eliminados os dois sprites. Em seguida, recuperamos uma explosão e a executamos. O método aguarda 2 segundos antes de reinicializar o jogo, chamando o método **inicializa**.

```
212. inicializa:function(){
213.     if(this.vidas>=0){
214.         this.balas.callAll('kill');
215.         this.lasers.callAll('kill');
216.         this.inimigos.callAll('kill');
217.         this.ship.reset(this.world.centerX, 250);
```

```
218.        }
219.        else{
220.            Invasion.musica.stop();
221.            this.state.start('Menu');
222.        }
223. },
```

O método **inicializa** verifica se o número de vidas é ainda válido – maior ou igual a zero – e, neste caso, elimina todas as balas, os lasers, inimigos e coloca a nave do jogador na posição inicial; caso as vidas sejam findadas, o método para a música e passa ao estado menu.

```
224. atira: function(){
225.        if(this.time.now > this.lasers.proximo){
226.            var laser = this.lasers.getFirstDead();
227.            if (!laser) return;
228.            laser.reset(this.ship.x, this.ship.y);
229.            laser.body.velocity.y = -200;
230.            Invasion.laserAud.play();
231.
232.            this.lasers.proximo = this.time.now +
                                    this.lasers.intervalo;
233.        }
234. }
235. }
```

No grupo dos lasers, foram criadas duas propriedades:

```
this.lasers.intervalo = 300;
this.lasers.proximo = 0;
```

sendo que a primeira indica o intervalo entre um disparo e outro; já a segunda propriedade sinaliza quando o próximo disparo poderá ser executado.

Nesse método, é usada a seguinte propriedade:

```
game.time.now
```

Esta propriedade indica o número de milissegundos passados desde o início do jogo. O procedimento é este: toda vez que o jogador pressionar a tecla de espaço, o método atira verificará se o tempo de jogo atual é maior que o período em que o jogador pode disparar de novo. Se puder, no final, o valor do próximo disparo é calculado somando o tempo atual ao período de intervalo entre um disparo e outro.

Em detalhe: nas linhas 226 a 229, um laser é ativado e posicionado; o efeito sonoro será tocado e o tempo do próximo disparo será calculado.

14.3.4 Criação do objeto game e dos estados

Game.js

```
236. var game = new Phaser.Game(200, 272, Phaser.AUTO, 'game');
237.
238. game.state.add('Menu', Invasion.Menu);
239. game.state.add('Play', Invasion.Play);
240.
241. game.state.start('Menu');
```

No final do arquivo, é criado o objeto game com a resolução do jogo. São, então, adicionados os dois estados e é executado o estado menu.

Considerações finais

Abordamos os seguintes temas: conceitos de um jogo de tiro; organização específica dos estados do jogo; como implementar os seguintes elementos de jogo: física, áudio, tela de menu; como implementar diferentes pools de sprites para simular inimigos, lasers, balas e explosões.

Vamos praticar?

Desafios

1. Implemente as seguintes funcionalidades no jogo:

   a) Velocidades e frequências de tiro aleatórias, entre um determinado intervalo.

   b) Uso das setas para o alto e para baixo a fim de permitir à nave do jogador o movimento vertical até certa altura da tela (Figura 14.9). Dessa forma, o jogador poderá evitar as balas se movendo também verticalmente.

   Figura 14.9 Zona de movimento vertical.

c) Nos assets do jogo há algumas imagens que não foram utilizadas: enemyM.png e enemyB.png, as quais correspondem a inimigos médios e grandes – como mostrados da Figura 14.10. Assim, implemente esses inimigos no jogo de alguma forma – por exemplo, que apareçam aleatoriamente, com menos frequência em relação aos inimigos já existentes e que tenham propriedades distintas, como maior velocidade ou acelerada frequência de disparo.

Figura 14.10 Inimigos médios e grandes.

d) Outro elemento gráfico presente nos assets é o power-up.png: dois bonuses com dois frames de animação (Figura 14.11). Portanto, faça-os aparecer aleatoriamente depois de eliminar um inimigo médio ou grande e assinar poderes por um determinado período de tempo, como, uma frequência de disparo maior e/ou disparo duplo.

Figura 14.11 Bonuses.

e) Outro elemento presente é o cloud.png, que representa nuvens semitransparentes. Assim, gere-as aleatoriamente, tal como visto no esquema da Figura 14.12.

Figura 14.12 Nuvens e esquema com nuvens.

2 Pesquise uma imagem que represente um escudo circular que possa ser ativado uma vez por nível e que dure 1 segundo (Figura 14.13), a fim de proteger a nave de balas e inimigos.

Figura 14.13 Exemplo de escudo para proteção da nave espacial.

3 Pesquise on-line um clone do jogo **Space Invaders**. Jogue a versão que encontrar e veja algumas outras modificações para serem implementadas no game aqui elaborado.

Capítulo 15

Jogos para Mobile

Considerações iniciais

Este capítulo apresenta as problemáticas de otimização de um jogo em Phaser para ser executado em uma plataforma mobile; cobrando o refatoramento de elementos como resolução da tela, modalidade de input, organização dos elementos e tamanho dos recursos para proporcionar uma experiência mobile optimal.

15.1 A simulação de dispositivos móveis

Para simular o jogo criado em um dispositivo móvel, podemos utilizar a funcionalidade de **inspeção** dos navegadores. No Google Chrome, por exemplo, clicando-se com o botão secundário do mouse na tela ou pressionando a tecla F12, ou, ainda, a combinação de teclas CTRL + SHIFT + I, abre-se um painel de inspeção (Figura 15.1).

Figura 15.1 Painel de inspeção do navegador Google Chrome.

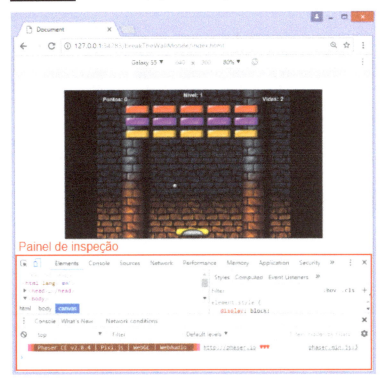

Nesse painel, além de possibilitar o acesso ao console JavaScript e a visualização dos erros do programa, temos a possibilidade de simular um dispositivo diferente de um computador desktop. Na parte superior do painel, há um botão que nos permite simular um dispositivo móvel (Figura 15.2).

Figura 15.2 Botão de simulação dispositivo móvel.

Ao clicar nesse botão, a página web muda de dimensão e mostra novos elementos: dispositivo, tamanho, percentual e rotação (Figura 15.3).

Figura 15.3 Elementos da tela de simulação de dispositivo móvel.

A opção **dispositivo** permite escolher um dispositivo pré-definido – Galaxy S5, iPhone 5, iPad, entre outros – ou definir o padrão para um novo dispositivo, indicando nome, resolução, **pixel ratio** e a tipologia – desktop, desktop touch, mobile, mobile touch.

A opção **tamanho** mostra a resolução do dispositivo escolhido. Se estabelecermos o dispositivo como responsivo, podemos escolher o tamanho da tela clicando nos tamanhos disponíveis. A opção **percentual** permite aumentar ou diminuir a apresentação da tela conforme a necessidade.

Rotação permite alternar entre a configuração **portrait** – retrato, com o lado maior em vertical – e **landscape** – paisagem, com o lado maior em horizontal. Neste modo, podemos ver como nosso jogo ficaria nos diferentes dispositivos.

Sugestão: teste na maior quantidade possível de dispositivos físicos, ainda que o teste em dispositivo virtual já lhe ajude a prever possíveis problemas.

15.2 Adaptação à tela do dispositivo

Muitas técnicas que veremos nesta seção já foram usadas em exemplos anteriores, mas vale aqui repetir algumas para mostrar o que acontece se não forem utilizadas.

Por padrão, a tela de jogo fica com uma margem e com fundo branco, alinhada no alto à esquerda do dispositivo com o tamanho declarado na inicialização (Figura 15.4).

Figura 15.4 Jogo sem centralização e dimensionamento.

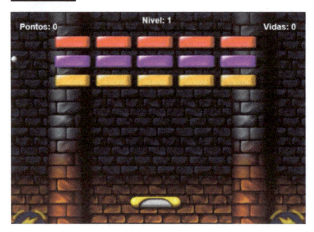

Para resolver isso, apontaremos algumas modificações no nosso código. Primeiramente, verificaremos se no **head** de nosso documento HTML aparecem as seguintes linhas:

```
1.  <head>
2.      <meta name="viewport" content="width=device-width,
        user-scalable=no, initial-scale=1.0, maximum-scale=1.0,
        minimum-scale=1.0">
3.      <style>
4.          *{margin:0;padding:0}
5.          body{background-image: url(percurso à imagem);}
6.          body{background-color: black;}
7.      </style>
8.      ...
9.  </head>
```

Uma das primeiras coisas que podemos verificar é o redimensionamento da página. Geralmente, uma página web em um dispositivo mobile é dimensionada para poder ser visualizada por completo. Assim, para manter a resolução original, é usado um **meta tag** no HTML da **head** da página (linha 2).

Um meta **tag** indica ao navegador alguma informação sobre a estrutura do documento. Por exemplo, indica quem foi o autor, que conjunto de caracteres é utilizado, e assim por diante. Neste caso, o **meta tag viewport** indica que o conteúdo será adaptado à largura do dispositivo, ou seja, não será escalado automaticamente nem poderá ser escalado pelo usuário.

Para evitar espaços ao redor da tela do jogo, devemos zerar as propriedades **margin** e **padding** dos elementos HTML no CSS (linha 4). A tela do jogo não caberá exatamente em todos os dispositivos, por isso devemos pensar em colocar uma cor de fundo relacionada ao tema do jogo, ou uma imagem do fundo da página (linhas 5-6) para melhor visualização.

É uma boa prática indicar no código JavaScript que a zona de jogo ocupa toda a tela do dispositivo, além de centralizar o jogo. No estado de boot, verifique se as seguintes linhas de código estão inseridas:

```
1. this.scale.scaleMode = Phaser.ScaleManager.SHOW_ALL;
2. this.scale.pageAlignHorizontally = true;
3. this.scale.pageAlignVertically = true;
```

Dependendo do jogo e da gráfica utilizada, pode ser interessante considerar outras configurações do **ScaleManager**. Vejamos:

Tabela 15.1 • Constantes do Phaser.ScaleManager

Constante	Significado
NO_SCALE	A área do jogo não estará escalada, mas utilizará o tamanho original com que o objeto game foi instanciado.
EXACT_FIT	A área do jogo será esticada de modo a cobrir toda a dimensão do navegador, mas não são mantidas as proporções.
SHOW_ALL	Ocupa o máximo da área disponível, mantendo a proporção original.
RESIZE	As dimensões da área de jogo são modificadas para combinar com aquela da tela do dispositivo.

15.3 Habilitar comandos touch

Todos os comandos de entrada devem ser dados mediante elementos de toque na tela. Nos estados menu e end, é necessário pressionar a tecla de espaço para continuar. Por isso, é preciso pensar em outro modo para interagir com essas telas. Dado que em ambas utilizamos uma imagem de fundo, podemos simplesmente habilitar essa imagem ao tocar e, assim, ativar o método **start** para continuar no próximo estado:

```
1. var background = this.add.image(0,0,'background');
2. background.inputEnabled = true;
3. background.events.onInputDown.add(this.start, this);
```

Se o menu tivesse opções de diferentes vozes, poderia utilizar-se de imagens, textos ou botões distintos, associando cada um a uma ação de toque na tela. É importante lembrar de atualizar a grafia dos estados para indicar que o jogador pode pressionar na tela para continuar – geralmente, é usado o termo tap.

No estado do jogo – play –, o jogador deve interagir com a barra, por isso precisamos colocar botões e organizar a tela, de modo que o uso dos botões com os dedos não esconda os elementos do jogo. Para isso, podemos recorrer às duas setas já presentes no **spritesheet** de tijolos, os elementos gráficos de índices 38 e 39 (Figura 15.5).

Figura 15.5 Elementos usados como setas para o movimento da barra.

Como podemos ver na Figura 15.6, decidimos colocar os botões de movimento nas laterais da tela de jogo e, por consequência, elevamos um pouco a barra para evitar que, ao pressionar os botões, o jogador coloque os dedos na parte de tela em que acontece a ação.

Figura 15.6 Botões de movimento e nova posição da barra.

Veja o código do estado play, com o texto adicionado em destaque:

```
1.   Breakout.Play.prototype = {
2.   create:function(){
3.       this.add.image(0,0,'background');
4.       this.bola = this.add.sprite(this.world.centerX,
                             this.world.centerY, 'bola');
5.       this.barra = this.add.sprite(this.world.centerX,500,
                                        'barra');
6.       this.bola.anchor.setTo(.5);
7.       this.barra.anchor.setTo(.5);
8.
9.       this.posBarra = 500;
10.
11.      if(!this.game.device.desktop){
12.      this.esqBtn = this.add.sprite(0, 410, 'tijolos', 38);
13.      this.esqBtn.scale.setTo(2.5, 2);
14.      this.esqBtn.alpha = .7;
15.      this.dirBtn = this.add.sprite(560, 410, 'tijolos',39);
16.      this.dirBtn.scale.setTo(2.5, 2);
17.      this.dirBtn.alpha = .7;
18.
19.      this.posBarra = 400;
```

```
20.
21.     this.esq = false;
22.     this.dir = false;
23.
24.     this.esqBtn.inputEnabled = true;
25.     this.dirBtn.inputEnabled = true;
26.
        this.esqBtn.events.onInputDown.add(function(){
27.         this.esq=true;
28.     }, this);
29.     this.esqBtn.events.onInputUp.add(function(){
30.         this.esq=false;
31.     }, this);
32.     this.dirBtn.events.onInputDown.add(function(){
33.         this.dir=true;
34.     }, this);
35. this.dirBtn.events.onInputUp.add(function(){
36.         this.dir=false;
37.     }, this);
38. }
```

Depois de definir barra e bola, estabelecemos a posição (y) da barra na linha 9, que no jogo com teclado ficava a 500 pixels.

Logo depois, verificamos onde está rodando o jogo, mediante a propriedade **this.game.device.desktop**. Caso não esteja no desktop, ativaremos os botões (linhas 12-17), pegando os elementos gráficos do spritesheet, escalando-os para ficarem maiores e os deixando transparentes.

Na linha 19, estabelecemos um novo valor para a posição da barra, a fim de não passar sobre os botões. Nas linhas 24 a 37, criamos duas variáveis para verificar a pressão dos botões e ativamos o toque neles.

Nas linhas 26 a 31, estabelecemos dois eventos – **InputUp** e **InputDown** – no botão esquerdo, os quais têm a função de colocar **true** ou **false** na variável associada. A mesma etapa é realizada nas linhas 32 a 37 com o botão secundário do mouse.

Adiante, no método **update**, essas linhas serão modificadas para verificar a pressão dos botões:

```
1.  if(this.esqKey.isDown || this.esq)
2.      this.barra.body.velocity.x = -600 - this.nivel * 10;
3.  else if(this.dirKey.isDown || this.dir)
```

```
4.        this.barra.body.velocity.x = 600 + this.nivel * 10;
5.    else
6.        this.barra.body.velocity.x = 0;
```

Nas linhas 39 e 41, foi adicionado o código em negrito, indicando que o teste é realizado observando a tecla pressionada ou a variável criada no caso de jogo **mobile**, esq e dir.

No evento que reposiciona a bola e a barra para as posições iniciais, mudamos apenas uma pequena parte de código para colocar a barra na altura correta, indicando a variável **posBarra**:

```
this.barra.position.setTo(this.world.centerX, this.posBarra);
```

15.4 Diminuir o tamanho dos assets

Um dispositivo mobile não tem os mesmos recursos de um desktop e, por isso, precisamos ter muito cuidado com o tamanho do áudio e da parte gráfica do jogo.

Para reduzir a condição gráfica, alguns editores disponibilizam a possibilidade de exportar a imagem para web e dispositivos.

Já para reduzir a música e os efeitos sonoros, podemos utilizar o programa Audacity – já apresentado neste livro.

Figura 15.7 Tamanho dos arquivos de música.

 heroImmortal.mp2
Som no Formato MP3
4,00 MB

 heroImmortal.ogg
VLC media file (.ogg)
3,87 MB

Um arquivo mp3 pode chegar a ocupar significativo espaço, dependendo de sua qualidade. Na Figura 15.7, vemos que, mesmo tendo salvo o arquivo no formato mp2, menor que mp3, ocupa 4 MB e o seu respectivo ogg ocupa quase a mesma quantidade de espaço. Isso é muito, uma vez que todas as imagens juntas ocupam apenas 2,60 MB e os demais arquivos usam 803 KB.

A configuração recomendada para um arquivo mp3 é de 128 kbps, e para um **sample rate**, de 44.1 kHz; mas se quisermos converter um áudio para dispositivos móveis, podemos diminuir esses valores – tendo sempre o cuidado para não perder demais a qualidade. Na barra inferior do programa Audacity, podemos diminuir o **sample rate**, como ilustrado na Figura 15.8.

Figura 15.8 Sample rate do Audacity.

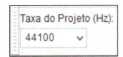

No caso em que os dois canais de música sejam iguais (Figura 15.9), podemos converter o áudio estéreo em mono, selecionando o menu Faixas e a voz Faixas estéreos para mono.

Figura 15.9 Áudio estéreo com dois canais iguais.

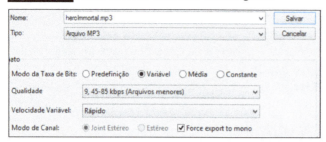

Outra redução do tamanho pode ser realizada quando exportamos o áudio: na janela de exportação, se selecionarmos mp3, poderemos especificar a qualidade em kbps (Figura 15.10).

Figura 15.10 Janela de exportação do áudio.

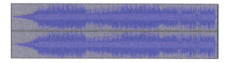

Salvando o nosso áudio com um sample rate de 22 kHz, reduzindo a um canal, apenas, e salvando em mp3 com uma qualidade mais baixa (45-85 kbps), obtemos um arquivo de 865 KB, quase cinco vezes menor que o original – que era um mp2 já reduzido.

Em uma segunda rodada, colocando **Ogg Vorbis** como tipo de arquivo. Aparece uma barra numérica para indicar a qualidade do áudio, e o salvando com o mesmo **sample rate** de 22 kHz, reduzindo a um só canal e salvando em ogg com qualidade 1, obtemos um arquivo de 819 KB, novamente, quase cinco vezes menor que o original.

15.5 Construir o app para mobile

O método mais prático para elaborar o **app** para um dispositivo mobile é mediante o uso do Adobe PhoneGap Build, o qual permite a transformação de nosso jogo, feito com tecnologias web, em um aplicativo para dispositivos móveis (Figura 15.11).

Figura 15.11 Site de PhoneGap Build.

O acesso gratuito ao PhoneGap permite carregar um arquivo privado ou "linkar" projetos presentes no gitHub. Para preparar o jogo a fim de carregar no site, precisamos comprimir a pasta principal em formato zip e mudar o nome do arquivo para **www**. Uma vez feito isso, necessita-se acessar o site do PhoneGap e se cadastrar – com um ID Adobe ou com um perfil gitHub. Criando um novo **app**, devemos escolher se queremos "linkar" um projeto gitHub ou carregar um arquivo zip (Figura 15.12).

Figura 15.12 Criação de um novo app.

Depois de ter carregado o arquivo, o site permite inserir o nome do **app** e a sua descrição, a fim de passar à construção – build – do **app** (Figura 15.13).

Figura 15.13 Tela de criação do app.

Tal tela permite a criação de versões de debug de app Android – arquivo apk – e Windows – arquivo appx. Criando uma específica keystore – código que identifica o programador que elaborou o app –, podemos gerar a versão registrada. Querendo gerar o app para Android, clicamos no botão correspondente para baixar o arquivo específico, que a partir daí pode ser carregado em um smartphone – mediante cabo USB ou enviando-o via e-mail como anexo – e instalado no dispositivo. Para fazer isso, o telefone celular apto deve estar habilitado à instalação de fontes desconhecidas – para tanto, entre na configuração do aparelho, procure Segurança e, em seguida, a opção Fontes desconhecidas, ativando-a (Figura 15.14).

Figura 15.14 Configuração do smartphone Android para instalar app de fontes desconhecidas.

Jogos para Mobile 235

Considerações finais

Abordamos os seguintes temas: simular um dispositivo móvel; adaptar o jogo à tela do dispositivo; organizar o input do jogo à tela touch; diminuir a ocupação dos recursos; construir o app para mobile mediante o site do Adobe PhoneGap Build.

Vamos praticar?

1. Como proporcionar uma visualização prévia do jogo em uma tela de smartphone ou tablet por meio de um navegador?

2. Para que serve o meta tag viewport em HTML?

3. Por que é importante diminuir o tamanho dos recursos?

Desafios

4. Pesquise como utilizar o multi-touch em uma tela de smartphone ou de tablet em um programa desenvolvido com Phaser.

5. Pesquise o funcionamento do editor Intel XDK para a criação de aplicativos/jogos web.

6. Pesquise como utilizar a função de vibração do smartphone no caso, por exemplo, de perder uma vida no jogo.

7. Procure por alternativas ao Adobe PhoneGap Build para a conversão do jogo a dispositivos móveis.

Referências

Fórum

HTML5 game devs. [20--]. Disponível em: <www.html5gamedevs.com/forum/14-phaser>. Acesso em: 19 set. 2017.

Game design

ROGERS, S. **Level up**: um guia para o design de grandes jogos. São Paulo: Blucher, 2012.

SCHUYTEMA, P. **Design de games**: uma abordagem prática. São Paulo: Cengage Learning, 2013.

Phaser

ESTEVARENGO, L. F. **Desenvolvendo jogos mobile com HTML5**. São Paulo: Novatec, 2016.

FAAS, T.; DAVEY, R.; MELENTIJEVIC, I. **Interphase**. [S.l.]: Photon Storm, 2015.

FAAS, T. **An Introduction to HTML5 Game Development with Phaser.js**. CRC Press, ago. 2016.

Tutoriais

GAME development tutorials. **Lessmilk**. [20--]. Disponível em: <www.lessmilk.com>. Acesso em: 19 set. 2017.

GAME tutorials. **ZekeChan.net**. [20--]. Disponível em: <www.zekechan.net>. Acesso em: 19 set. 2017.

OFFICIAL Phaser tutorials. [20--]. Disponível em: <https://phaser.io/learn/official-tutorials>. Acesso em: 19 set. 2017.

OURRAD, A.; DAVEY, R. **Making your first Phaser game**. [20--]. Disponível em: <https://phaser.io/tutorials/making-your-first-phaser-game/index>. Acesso em: 19 set. 2017.

HTML5 Game Devs. Disponível em: <www.html5gamedevs.com/forum/14-phaser/>. Acesso em: 19 set. 2017.

Este livro foi composto em tipos de família DIN Next LT Pro Light.
Corpo 11 pt. - miolo: papel offset 75g/m^2